Sobre o Amor e a Solidão

J. Krishnamurti

Sobre o Amor e a Solidão

Tradução
ADAIL UBIRAJARA SOBRAL
MARIA STELA GONÇALVES

EDITORA CULTRIX
São Paulo

Título do original:
On Love and Loneliness

Krishnamurti Foundation Trust, Ltd.
Brockwood Park, Bramdean, Hampshire, S024 OLQ, England.

Instituição Cultural Krishnamurti
Rua dos Andradas, 29, sala 1007
20051-000 — RJ — Centro
Brasil
Telefone (021) 232-2646

Edição	Ano
1-2-3-4-5-6-7-8-9	96-97-98-99

Impresso em nossas oficinas gráficas.

Se não tem amor — faça o que quiser, saia à procura de todos os deuses da terra, participe de todas as atividades sociais, tente acabar com a pobreza, entre na política, escreva livros, escreva poemas —, você é um ser humano morto. Sem amor, seus problemas aumentam, multiplicam-se interminavelmente. E com amor, faça o que quiser, não há risco, não há conflito. Portanto, o amor é a essência da virtude.

Bombaim, 21 de fevereiro de 1965

Sumário

Prefácio

Jiddu Krishnamurti nasceu na Índia em 1895 e, aos treze anos, foi tomado sob a tutela da Sociedade Teosófica [de Londres], que o considerou o veículo do "mestre mundial" cujo advento a Sociedade vinha proclamando. Krishnamurti cedo se projetaria como um mestre carismático, firme e infenso a rótulos, cujas palestras e escritos não se vinculavam a nenhuma religião específica e não pertenciam ao Oriente nem ao Ocidente, sendo endereçados ao mundo inteiro. Repudiando resolutamente a imagem messiânica, em 1929 ele dissolveu de modo dramático a organização ampla e cheia de recursos financeiros que se formara ao seu redor, declarando que a verdade é uma "terra sem caminhos" que não podia ser abordada por nenhuma religião, filosofia ou seita formalizada.

Pelo resto de sua vida, Krishnamurti rejeitou com insistência a condição de guru que outros tentavam lhe impingir. Continuou a atrair um grande público por todo o mundo, mas não reivindicava nenhuma autoridade, não desejava ter discípulos e sempre se pronunciava como um indivíduo dirigindo-se a outro. No âmago dos seus ensinamentos está a constatação de que só se podem promover mudanças fundamentais na sociedade mediante a transformação da consciência individual. A necessidade do autoconhecimento e da compreensão das influências restritivas e separativas dos condicionamentos religiosos e nacionalistas era objeto de uma ênfase constante. Krishnamurti sempre assinalou ser necessária a receptividade, o "vasto espaço do cérebro no qual existe uma energia inimaginável". Essa parece ter sido a nascente de sua própria criatividade, bem como a explicação do impacto catalítico que exercia sobre uma imensa variedade de pessoas.

Krishnamurti continuou a fazer palestras nos quatro cantos do mundo até o seu falecimento, em 1986, aos noventa anos de idade. Suas palestras e diálogos, diários e cartas, foram preservados em mais de sessenta livros e centenas de gravações. Esta série de livros-tema foi compilada a partir desse vasto corpo de ensinamentos. Cada livro concentra-se num tópico de particular pertinência e premência para a nossa vida diária.

Madras, 16 de Dezembro de 1972

Ao discutirmos juntos estas questões, que constituem nossos problemas diários da vida, creio ser necessário ter em mente que estamos investigando juntos e que, juntos, estamos empreendendo uma jornada através de temas bastante complexos da vida; e, para investigar juntos, tem de haver um elemento de intensidade, uma qualidade da mente que não seja limitada por nenhuma crença ou conclusão particular, mas que esteja querendo avançar muito, não em distância medida pelo tempo, mas em profundidade.

❖

Vamos indagar juntos acerca da possibilidade de prover de ordem a nossa vida cotidiana de relacionamento. Porque o relacionamento é a sociedade. O relacionamento entre mim e vocês, entre mim e outra pessoa, constitui a estrutura da sociedade. Ou seja, o relacionamento é a estrutura e a natureza da sociedade. Estou apresentando o tema de maneira extremamente simples. E quando não há ordem nesse relacionamento, como ocorre no presente, qualquer tipo de ação, além de ser contraditória, causa necessariamente grande quantidade de sofrimento, dano, confusão e conflito. Por favor, não permitam que apenas eu fale; participem comigo, porque estamos caminhando juntos, talvez de mãos dadas, com afeição, com estima. Se vocês simplesmente ficarem sentados ouvindo o que lhes é dito, ou "assistindo aula", temo que vocês e eu não poderemos fazer a jornada juntos de mãos dadas. Por isso queiram, por favor, examinar sua própria mente, seus próprios relacionamentos — não importa com quem eles sejam, se com sua mulher, seus filhos, com os vizinhos ou com o governo — e verifiquem se há ordem nesses relacionamentos; porque é necessário haver ordem, haver precisão. Ordem é virtude, ordem é algo muito matemático, muito puro e completo, e nós vamos descobrir se essa ordem existe.

Ninguém pode viver sem relacionamento. Você pode se isolar na montanha, pode se tornar um monge, um *sannyasi,* vagar sozinho pelo deserto, mas continuará mantendo relacionamentos. Não se pode escapar a esse fato absoluto. Não se pode existir em isolamento. Sua mente talvez pense que ela existe em isolamento ou crie um estado de isolamento, mas mesmo nesse isolamento vocês continuarão mantendo relacionamentos. A vida é relacionamento, viver é relacionamento. Não podemos viver se vocês e eu tivermos construído uma parede ao nosso redor e apenas dermos uma olhada por cima dela de vez em quando. Inconscientemente, bem lá do fundo, por trás da parede, mantemos relacionamentos. Acredito que não demos muita atenção a essa questão do relacionamento. Seus livros não falam de relacionamento; falam de Deus, de práticas, de métodos, de como respirar, de não fazer isso ou aquilo — mas, segundo ouvi dizer, o relacionamento nunca é mencionado.

O relacionamento, assim como a liberdade, implica responsabilidade. Estar em relação é viver, é vida, é existência. E se há desordem nesse relacionamento, toda a nossa sociedade, toda a nossa cultura, se despedaça, o que está sucedendo atualmente.

Assim, o que é ordem, o que é liberdade, o que é relacionamento? O que é desordem? Porque, quando a mente compreende de modo realmente profundo, interiormente, qual a causa da desordem, a partir desse entendimento, dessa percepção, dessa observação, a ordem vem de forma natural. Não se trata de um modelo do que a ordem deve ser; o modelo é aquilo com que fomos criados — um padrão que nos foi inculcado pelas religiões, pela culturas, referente ao que a ordem deveria ser ou ao que a ordem é. A mente tentou amoldar-se a essa ordem, seja esta última cultural, social, jurídica ou religiosa; ela se empenhou em seguir o padrão estabelecido pela atividade social, por determinados líderes, determinados mestres. Na minha opinião, isso não é ordem, visto estar implícito aí o amoldar-se; e onde há o amoldar-se, há desordem. Onde há aceitação da autoridade, há desordem. Onde há existência comparativa — isto é, uma avaliação de si mesmo tendo por referência outra pessoa, o comparar-se com alguém — há desordem. Vou mostrar por quê.

Por que a sua mente se amolda? Vocês já se fizeram essa pergunta? Vocês acaso se dão conta de que se amoldam a um padrão? Pouco importa qual seja esse padrão, se vocês mesmos o estabeleceram para si ou ele foi estabelecido para vocês. Por que estamos sempre nos amoldando? Onde há o amoldar-se não pode haver liberdade, e isto é óbvio. No entanto, a mente está sempre em busca de liberdade — quanto mais inteligente, quanto mais alerta, quanto mais consciente ela é, tanto maior sua exigência de liberdade. A mente se amolda, imita, porque há mais segurança em agir assim, em seguir um padrão. Esse fato é evidente. Vocês fazem tudo o que fazem, socialmente, porque é melhor amoldar-se. Vocês podem ser educados no exterior, ser grandes cientistas, ou políticos, mas têm um temor secreto de que, se não forem ao templo ou não fizerem as coisas usuais que lhes foram ensinadas, algo de ruim possa sobrevir; por isso, vocês se amoldam. O que acontece à mente que se amolda? Queiram, por gentileza, examinar essa interrogação. O que acontece com a sua mente quando vocês se amoldam? Antes de tudo, há uma total negação da liberdade, uma total negação do exame independente. Quando vocês se amoldam, há medo. Certo? Desde a infância a mente é treinada para imitar, para amoldar-se ao padrão que a sociedade estabeleceu — ser aprovado em exames, formar-se, se tiver sorte conseguir um emprego, casar-se, e ponto final. Vocês aceitam esse padrão e tremem de medo de não segui-lo.

Em conseqüência, vocês negam interiormente a liberdade, vivem interiormente temerosos, têm a sensação interior de não ser livres para descobrir, indagar, pesquisar, questionar. E isso produz desordem nos nossos relacionamentos. Vocês e eu estamos tentando mergulhar profundamente nessa questão, ter dela uma real introvisão, perceber-lhe a verdade. E é a percepção da verdade que liberta a mente; não alguma prática, nem a atividade da indagação, mas a efetiva percepção daquilo "que é".

Causamos a desordem nos relacionamentos, tanto interior como exteriormente, mediante o medo, o amoldar-se, a avaliação, que é comparação. O nosso relacionamento se acha em desordem, não apenas o relacionamento uns com os outros, por mais íntimo que seja, como também o relacionamento exterior. Se vemos essa desordem com clareza, não lá fora mas aqui dentro, no mais profundo do nosso ser, se vemos todas as implicações disso, a partir dessa percepção vem a ordem. Então não teremos de viver segundo uma ordem imposta. A ordem não tem padrão, ela não é um esquema dado; ela vem da compreensão do que é a desordem. Quanto mais vocês entendem a desordem no relacionamento, tanto maior é a ordem. Logo, temos de descobrir o que é o nosso relacionamento uns com os outros.

Como é o seu relacionamento com o outro? Você tem algum relacionamento ou o seu relacionamento é com o passado? O passado, com suas imagens, sua experiência, seu conhecimento, dá origem ao que vocês denominam relacionamento. Mas o conhecimento no relacionamento gera desordem. Estou em relação com vocês. Sou o seu filho, o seu pai, a sua mulher, o seu marido. Temos vivido juntos; vocês têm me magoado e eu a vocês. Vocês têm me perseguido, têm me importunado, têm me tiranizado, têm dito coisas duras pelas minhas costas e na minha frente. Eu tenho vivido com vocês há dez anos ou há dois dias, e essas lembranças permanecem, lembranças das ofensas, das irritações, do prazer sexual, dos aborrecimentos, das palavras brutais e assim por diante. Tudo isso está registrado nas células do cérebro que contêm a memória. Assim, meu relacionamento com vocês se baseia no passado. O passado é a minha vida. Se atentarem para isso, vocês hão de perceber como a mente, a vida, a atividade de vocês está arraigada no passado. O relacionamento arraigado no passado inevitavelmente gera desordem. Quer dizer, o conhecimento no relacionamento traz desordem. Se vocês me magoaram, eu me lembro disso; vocês me magoaram ontem ou há uma semana e isso permanece na minha mente; é o conhecimento que tenho de vocês. Esse conhecimento impede o relacionamento; esse conhecimento no relacionamento gera desordem. Portanto, a questão é: quando vocês me magoam, me lisonjeiam, quando me escandalizam, pode a mente varrer isso de si no mesmo momento sem registrá-lo? Vocês já tentaram fazer isso?

Como é bela a lua — não é verdade? —, vista assim por entre as folhas, como é belo o crocitar dos corvos e a luz do entardecer!

Essa lua extraordinária insinuando-se por entre as folhas é uma maravilha. Olhem para ela, apreciem-na.[1]

Digamos que ontem alguém me tenha tratado com aspereza, fazendo-me acusações inverídicas. Aquilo que foi dito fica registrado, e a mente identifica a pessoa com esse registro, agindo de acordo com ele. Quando a mente está agindo no relacionamento com o conhecimento desses insultos, das palavras ríspidas, das falsas acusações, esse conhecimento no relacionamento traz a desordem. Ficou claro? Ora, como a mente faz para não registrar no momento do insulto, no momento da bajulação? Porque, para mim, o que há de mais importante na vida é o relacionamento. Sem relacionamento, só pode haver desordem. A mente que vive em ordem, numa ordem total, que é a forma mais elevada de ordem matemática, não pode permitir nem por um momento que a sombra da desordem desça sobre ela. E essa desordem vem à existência quando a mente age com base em seu prévio conhecimento no relacionamento. Portanto, como procede a mente para não registrar o insulto, mas saber que o insulto, bem como a bajulação, ocorreram? Pode ela saber que eles ocorreram e ainda assim não registrá-los, de maneira a ser sempre límpida, saudável, íntegra no relacionamento?

Esse assunto lhes interessa? Vejam bem, se isso de fato lhes interessa, trata-se do maior problema da vida: como levar uma vida em relacionamento na qual a mente jamais tenha sido magoada, jamais tenha sido distorcida. Ora, será isso possível? Fizemos uma pergunta impossível. Trata-se de uma pergunta impossível, e temos de descobrir a resposta impossível. Porque o possível é medíocre, já está pronto; mas se se faz uma pergunta impossível, a mente tem de encontrar a resposta. A mente tem condições de fazê-lo? Isso é amor. A mente que não registra insultos nem bajulações sabe o que é o amor.

Pode a mente nunca, jamais, absolutamente nunca registrar o insulto ou a bajulação? Isso é possível? Se a mente puder encontrar a resposta para essa pergunta, teremos resolvido o problema do relacionamento. Vivemos em relacionamento. O relacionamento não é

---

1. *Nota do editor* [*do original*]: As palestras públicas de Madras foram proferidas ao ar livre, no final da tarde, quando estava mais fresco.

uma abstração, mas um fato diário, cotidiano. Quer você vá para o escritório, volte e durma com sua mulher, quer brigue com ela, você está sempre em relacionamento. E se não há ordem nesse relacionamento entre você e outra pessoa, ou entre você e muitas pessoas ou uma única pessoa, você cria uma cultura que vai gerar, em última análise, desordem, como se faz hoje. Portanto, a ordem é absolutamente essencial. Para descobri-lo, pode a mente, embora tenha sido insultada, magoada, pisada, embora tenha ouvido palavras brutais dirigidas a si, nunca, nem mesmo por um segundo, reter essas coisas? Porque assim que essas coisas são retidas, já há o registro, e elas já deixaram uma marca nas células cerebrais. Percebam a dificuldade da questão. Pode a mente fazer isso, de modo a permanecer inteiramente inocente? A mente inocente é a mente que não pode ser magoada. Como não pode ser magoada, ela não vai magoar outra. Ora, isso é possível? Toda forma de influência, toda forma de incidente, toda forma de dano, de desconfiança, é lançada sobre a mente. Pode a mente nunca registrar e, assim, manter-se muito inocente, muito límpida? Vamos descobri-lo juntos.

Chegaremos a isso perguntando o que é o amor. Será o amor produto do pensamento? O amor se acha no campo do tempo? O amor é prazer? O amor é algo que pode ser cultivado, praticado, construído pelo pensamento? Ao investigar isso, temos de nos aprofundar na pergunta: o amor é prazer — sexual ou de alguma outra espécie? A nossa mente procura o prazer o tempo inteiro: ontem fiz uma boa refeição, o prazer da refeição é registrado e desejo mais, uma refeição ainda melhor ou o mesmo tipo de refeição amanhã. Encantei-me muito com o pôr-do-sol, com a observação da lua por entre as folhas ou com a visão de uma onda lá longe no mar. Essa beleza gera um enorme deleite, e isso é um prazer imenso. A mente o registra e deseja vê-lo repetir-se. O pensamento pensa sobre o sexo, pensa, detém-se longamente nele, deseja vê-lo repetir-se; e a isso vocês dão o nome de amor. Estou certo? Não se embaracem quando falamos de sexo; ele é parte de sua vida. Vocês o tornaram repulsivo porque negaram todos os tipos de liberdade exceto esta.

Então o amor é prazer? Será o amor produto do pensamento, assim como ocorre com o prazer? O amor é inveja? Pode amar aquele que é invejoso, ganancioso, ambicioso, violento, amoldável, submisso, totalmente em desordem? Então, o que é o amor? Ele não é, evidentemente, nada disso. Ele não é prazer. Entendam, por favor, a importância do prazer. O prazer é mantido pelo pensamento; em conseqüência, o pensamento não é amor. O pensamento não pode cultivar o amor. Ele pode cultivar, e cultiva, a busca do prazer, assim como cultiva o medo, mas não pode criar amor, nem fabricá-lo. Vejam a verdade. Vejam-na e vocês haverão de expulsar de si mesmos, de uma vez por todas, a ambição e a cobiça. Portanto, mediante a negação, vocês chegam à coisa sobremodo extraordinária chamada amor, que é a coisa mais positiva.

A desordem no relacionamento significa que não há amor, e essa desordem existe quando há o amoldar-se. Assim, a mente que se amolda a um padrão de prazer ou ao que pensa ser o amor jamais pode saber o que é o amor. A mente que compreendeu todo o processo de amadurecimento da desordem alcança uma ordem que é virtude e que é, por conseguinte, amor. É a vida de vocês, e não a minha. Se não viverem dessa maneira, vocês serão muito infelizes, ver-se-ão tomados pela desordem social e levados para sempre de roldão por essa correnteza. Só o homem que escapa dessa correnteza sabe o que é o amor, o que é a ordem.

Brockwood Park,
11 de Setembro de 1971

Para desvendar qualquer assunto à maneira humana, não deveríamos começar com uma certa condição de liberdade? Se queremos examinar um problema tão complexo como o amor, temos de iniciar esse exame livres de todos os nossos preconceitos, idiossincrasias e tendências particulares, assim como dos nossos desejos — vitorianos ou modernos — sobre o que o amor deveria ser. Temos de pôr tudo isso de lado, se pudermos, a fim de fazer esse exame; do contrário, nos dispersaremos, perderemos energia afirmando ou contradizendo coisas de acordo com o nosso condicionamento particular. Ao discutirmos o que é o amor, é possível ver o quanto é importante descobrir a plena significação, bem como o sentido e a profundidade, do que essa palavra transmite ou não transmite? Não deveríamos antes de tudo verificar se podemos libertar a mente das várias conclusões que ela tem sobre essa palavra? É possível livrar a mente, libertar a mente, dos preconceitos, inclinações, conclusões profundamente arraigados? Porque, para discutirmos juntos a questão do que é o amor, parece-me vital termos uma mente muito perceptiva; e não se pode ter uma mente boa e lúcida assim quando se têm opiniões, juízos, quando se diz o que deveria ou não deveria ser o amor. Para examinar a mente, a nossa investigação tem de começar com o sentido de liberdade — não a liberdade *em relação a* alguma coisa, mas a condição de liberdade capaz de olhar, observar, ver o que é a verdade. Vocês podem retornar mais tarde aos seus preconceitos, às suas futilidades e conclusões particulares, mas poderíamos por um momento deixá-los de lado e conservar essa liberdade de investigação?

Há várias coisas envolvidas: o sexo, o ciúme, a solidão, o sentido de apego, a companhia, uma grande quantidade de prazer e, portanto, também o medo. Não está tudo isso envolvido com essa palavra? Poderíamos começar com esta questão do prazer, visto que isto desempenha um importante papel no amor? A maioria das religiões nega o sexo porque diz que um homem preso aos prazeres dos sentidos não tem a menor possibilidade de compreender o que é a verdade, o que é Deus, o que é o amor, o que é a coisa suprema, imensurável. É esse o condicionamento religioso dominante no cristianismo, na Índia, bem como no budismo. Quando vamos nos aprofundar na questão do que é o amor, temos de estar conscientes do nosso condicionamento herdado, tradicional, que gera várias modalidades de repressão — vitorianas ou modernas — ou de fruição permissiva do sexo.

O prazer tem na nossa vida um papel extraordinário. Se já falaram com aquelas pessoas muito disciplinadas e intelectualizadas que se costumam chamar de religiosos — eu não lhes daria esse nome, mas elas assim são chamadas —, vocês sabem que a castidade é um dos seus imensos problemas. Vocês talvez pensem que isso não tem nada a ver, que a castidade não tem lugar no mundo moderno, e varram tudo para debaixo do tapete. Creio que isso seria uma pena, porque um dos problemas é saber o que é castidade. Para penetrar na questão do amor, devemos ter uma mente abrangente e profunda para descobrir, e não apenas para fazer asserções verbais. Por que o prazer tem um papel tão importante na nossa vida? Não estou dizendo que é certo ou errado, estamos investigando; não se afirma que deve ou não deve haver sexo ou prazer. Por que o prazer desempenha uma função tão grande em todas as atividades da nossa vida? Ele é uma das nossas necessidades primordiais; mas por que terá assumido tão fantástica magnitude, não apenas no mundo ocidental, onde é muito saliente, muito vulgar, mas também no Oriente? Esse é um dos nossos principais problemas. Por quê? As religiões — as pretensas religiões —, os sacerdotes, o carregaram de culpa. Para buscar Deus, dizem eles, você tem de fazer um voto de castidade. Conheço um monge indiano, um homem sério, muito sério, erudito, muito instruído. Aos quinze ou dezesseis anos, ele renunciou ao mundo e fez um voto de castidade. Quando ficou mais velho — conheci-o quando beirava os quarenta anos —, ele renegou esses votos e se casou. Esse homem conheceu o inferno na Terra, porque a cultura indiana diz que é revoltante um homem renegar seus votos. Ele foi condenado ao ostracismo; passou por muitas dificuldades. E essa é a mentalidade da maioria das pessoas. Por que o sexo assumiu tão fantástica importância?

Há todo o problema da pornografia, de dar total liberdade de ler, imprimir, mostrar o que se quiser, de deixar as pessoas livres da repressão. Vocês conhecem tudo o que se passa no mundo. O que o amor tem a ver com isso? O que todas essas coisas significam — amor, sexo, prazer e castidade? Por favor, não se esqueçam da expressão ou do sentido da expressão a que o homem tem conferido tamanha importância: levar uma vida de castidade. Vamos descobrir por que o homem, ao longo das épocas, tem dado ao sexo um lugar tão proeminente na vida, e por que há tanta resistência a ele. Não sei como vamos dar uma resposta a isso.

Não será possível que um dos fatores seja a existência de total liberdade na atividade sexual? Em termos intelectuais, somos imitadores, intelectualmente não somos criativos; intelectualmente somos de segunda mão, ou de terceira; repetimos — repetimos o que os outros disseram, repetimos os nossos pequenos pensamentos. Nesse plano, não somos ativos, criativos, vivazes nem livres; e, emocionalmente, não temos paixão, não temos interesses profundos. Podemos ter entusiasmo, porém isso logo passa; não há uma paixão que perdure, e a nossa vida é mais ou menos mecânica, uma rotina diária. Sendo ela uma vida de reações repetitivas de caráter mecânico, intelectual e tecnologicamente e, em parte, emocionalmente, essa outra atividade assume, como é natural, uma extraordinária importância. Se houvesse liberdade intelectual e tivéssemos paixões profundas, ardor, o sexo teria seu lugar próprio e se tornaria bastante trivial. Não lhe atribuiríamos um sentido fenomenal, tentando encontrar o nirvana por meio dele, nem pensaríamos que, através do sexo, alcançaremos completa união com a humanidade. Vocês conhecem as tantas coisas que esperamos encontrar por intermédio do sexo!

Então, pode a nossa mente encontrar liberdade? Pode ela ficar tremendamente viva e lúcida, perceptiva (não me refiro à percepção que coligimos dos outros, dos filósofos, dos psicólogos e dos chamados mestres espirituais, que nada têm de espiritual)? Quando existe um elemento de liberdade profunda e apaixonada, o sexo passa a ocupar o seu devido lugar. O que é então a castidade? A castidade tem algum lugar na nossa vida? Qual o significado da palavra *casto,* não apenas o do dicionário, mas o significado profundo dela? O que significa ter uma mente completamente casta? Creio que temos de investigar isso. Talvez isso seja bem mais importante.

Se se tem consciência de toda a atividade da mente — sem uma separação que implique um observador contemplando a mente e, portanto, originando um conflito entre o observador e o observado —, não se vê a constante formação de imagens, lembranças de vários prazeres, infortúnios, acidentes, insultos, bem como todas as várias impressões, influências e pressões? Essas coisas nos sobrecarregam a mente. O pensamento toma por objeto um ato sexual, representa-o, imagina-o, alimenta emoções evocativas, fica excitado. Uma mente assim não é casta. É casta a mente que não tem nenhuma representação, nenhuma imagem; então, a mente é sempre inocente. A palavra *inocência* se aplica a uma mente que não registra mágoas — nem magoa — e que é incapaz de ferir, assim como de ser ferida, embora seja totalmente aberta. Uma mente dessa espécie é casta. Mas as pessoas que fizeram votos de castidade nada têm de castas; elas estão envolvidas numa eterna batalha consigo mesmas. Conheço vários monges do Ocidente e do Oriente e sei das torturas por que passaram, tudo para encontrar Deus. A mente deles é retorcida, torturada.

Tudo isso se acha envolvido no prazer. Qual a posição do prazer com respeito ao amor? Qual a relação entre a busca do prazer e o amor? Aparentemente, os dois caminham juntos. Nossas virtudes se baseiam no prazer, nossa moralidade se baseia no prazer. Dizemos que vocês podem chegar a ele por meio do sacrifício — que lhes dá prazer! — ou da resistência, que pode dar-lhes o prazer de realizar alguma coisa. Portanto, onde está a linha divisória, se é que ela existe, entre prazer e amor? Podem os dois caminhar juntos, ficar entrelaçados? Ou estão sempre separados? O homem disse: "Ama a Deus, e esse amor nada tem que ver com o amor profano." Vocês sabem que isso tem sido um problema, não somente ao longo dos séculos históricos, mas desde o começo dos tempos. Assim, onde está a linha que separa os dois, ou não há linha alguma? Um não é o outro, e se estamos buscando o prazer, como a maioria das pessoas — em nome de Deus, em nome da paz, em nome da reforma social —, qual o lugar do amor nessa busca?

Eis por que precisamos analisar as perguntas: o que é o prazer, o que é o gozo e o que é a alegria? A bem-aventurança está relacionada com o prazer? Não digam sim nem não; vamos descobrir. Contemplem uma bela árvore, uma nuvem, o reflexo da luz na água, um pôr-do-sol, uma vasta extensão do céu ou o belo rosto de um homem, de uma mulher ou de uma criança. Na satisfação de ver algo realmente belo há um grande gozo, um verdadeiro sentido de admiração de uma coisa extraordinária, nobre, límpida, agradável. E quando nega o prazer, você nega toda a percepção da beleza. E as religiões têm feito isso. Segundo me disseram, só bem recentemente as paisagens foram introduzidas na arte religiosa do mundo ocidental, embora na China e no Oriente a pintura de paisagens e de árvores fosse considerada nobre e religiosa.

Por que a mente busca o prazer? Não se isso é certo ou errado, mas qual o mecanismo desse princípio do prazer? Se vocês disserem que concordam ou discordam, estaremos perdidos; mas se efetivamente descobrirmos juntos qual é o princípio, o mecanismo de todo esse movimento do prazer, talvez possamos compreender o que é o verdadeiro gozo. Logo, o que é alegria e bem-aventurança, nas quais está envolvido o êxtase? O êxtase está relacionado com o prazer? Pode a alegria tornar-se prazer?

Qual é o mecanismo do prazer? Por que a mente o procura de modo tão constante? Não se pode impedir a percepção — ver uma bela casa, ou um lindo gramado verde banhado pelo sol; ou o vasto deserto sem um único vestígio de grama; a vastidão do céu. Vocês não podem deixar de vê-los, e o simples ato de ver é prazer, é uma satisfação, não é? Quando se vê um belo rosto — não somente um rosto simétrico, mas um rosto com profundidade, beleza, com certa qualidade por trás de si, inteligência, vitalidade —, ver um rosto assim é uma maravilha e nesse ato de perceber há satisfação. Ora, em que momento essa satisfação se torna prazer? Vocês vêem uma bela estátua de Michelângelo e a contemplam; trata-se da coisa mais extraordinária, não o tema da obra, mas a qualidade que ela tem. Em sua percepção dela há um grande prazer, uma enorme satisfação. Vocês se vão e a mente pensa naquilo, o pensamento começa. Vocês falam sobre a beleza da estátua. O ato de ver a estátua produziu uma forte emoção, uma sensação de que se contemplou algo prodigioso; e o pensamento o evoca, recorda-se dele, e se lembra do prazer que vocês tiveram ao contemplar a estátua. O pensamento, por conseguinte, cria esse prazer: ele confere vitalidade, continuidade a esse evento que ocorreu quando vocês contemplaram a estátua. Portanto, o pensamento é responsável pela busca do prazer. Não se trata de invenção minha; vocês podem observar isso. Vocês vêem um lindo ocaso e, mais tarde, dizem: "Quem dera eu pudesse voltar e vê-lo outra vez!" No momento de contemplar aquele pôr-do-sol, não houve prazer. Vocês viram algo fora do comum, pleno de luz, de cor, de profundidade. Quando vão embora e retornam à vida cotidiana, a mente de vocês diz: "Que coisa maravilhosa aquela; eu gostaria de poder repeti-la." Dessa maneira, o pensamento perpetua isso como prazer. É esse o mecanismo? E o que acontece? Vocês nunca mais vêem o pôr-do-sol — *nunca* —, pois a lembrança desse pôr-do-sol específico permanece, e vocês sempre o comparam com ela. Por conseguinte, jamais voltam a ver algo totalmente novo.

E alguém pergunta: você pode contemplar aquele ocaso, um belo rosto, uma experiência sexual sua ou qualquer outra coisa, contemplá-la e encerrar a percepção, não levá-la consigo — tenha a coisa contemplada grande beleza, grande tristeza ou grande sofrimento físico ou psicológico? Você pode ver a beleza da coisa e encerrar a experiência, encerrá-la por inteiro, não transportá-la consigo e armazená-la até o dia seguinte, até o mês seguinte, pelo futuro? Se você a deixar gravada, o pensamento vai tomá-la como objeto. O pensamento é a gravação do incidente, da dor, do sofrimento ou de algo que gerou satisfação. Em conseqüência, como não evitar, mas ter consciência de todo o processo e não permitir que o pensamento entre em ação?

Eu *quero* ver o pôr-do-sol, eu *quero* contemplar as árvores, cheias da beleza da terra. Não é a minha terra nem a sua terra, é a nossa terra; não é a terra do inglês, do russo ou do indiano; é a terra onde vivemos, sem todas as fronteiras, sem todas as guerras horrendas, bestiais, e a maldade do homem. Quero olhar para tudo isso. Vocês já viram palmeiras numa colina solitária? Que coisa maravilhosa! Ou uma única árvore num campo? *Eu quero* contemplar isso, *quero* fruir isso, mas não quero reduzir essas coisas a um feio prazerzinho. E o pensamento vai fazer isso.

Como o pensamento pode funcionar quando necessário e não funcionar, de modo algum, em outras direções? Isso só é possível quando há uma real consciência de todo o mecanismo do pensamento, da estrutura e da natureza do pensamento, das circunstâncias em que ele deve funcionar — de maneira absolutamente lógica e saudável, não neurótica nem pessoal — e das situações em que ele não cabe de forma alguma. Então, o que são a beleza e o pensamento? O intelecto é capaz de perceber a beleza? Ele pode descrever, pode imitar, pode copiar, pode fazer inúmeras coisas, porém a descrição não é a coisa descrita. Poderíamos prosseguir com isso indefinidamente.

Portanto, quando se compreende a natureza do prazer e o princípio do prazer, o que é o amor? O amor é ciúme? É possessividade? É domínio, apego? Vocês conhecem todas as coisas que acontecem na vida — a mulher domina o homem ou o homem domina a mulher. O homem faz algo porque quer realizar conquistas; ele é ambicioso, ganancioso, invejoso; aspira à posição, ao prestígio. A mulher diz: "Pelo amor de Deus, pare com essa bobagem e leve outro tipo de vida." Assim, há uma separação entre os dois — ainda que durmam juntos. Pode haver amor quando há ambição, quando cada qual está em busca dos seus próprios prazeres particulares?

O que é, pois, o amor? Evidentemente, ele só pode acontecer quando deixam de existir todas as coisas que não são amor, como a ambição, a competição, o desejo de ser igual a outra pessoa. Eis a nossa vida: queremos ser famosos, realizar uma façanha, ter conhecimento, ser escritores, artistas, algo melhor. Desejamos tudo isso. Pode um homem ou mulher com essas características saber o que é o amor? Quer dizer, pode haver amor para um homem que se esforça em favor de si mesmo, não em pequena escala, mas identificando-se com o Estado, com Deus, com a atividade social, com seu país, com uma série de crenças? Claro que não. Entretanto, é essa a armadilha em que nos vemos apanhados. Podemos ter consciência dessa arapuca, uma consciência verdadeira — não porque alguém a descreve para nós — da armadilha na qual estamos presos e sair dela? Aí reside a verdadeira revolução, não na tolice das revoluções de bombas e mudanças sociais. Embora as mudanças sociais sejam necessárias, as bombas não o são.

Assim, descobrimos ou encontramos inadvertidamente, sem que procuremos, isso a que se dá o nome de amor quando as outras coisas não existem. O amor acontece quando compreendemos efetivamente a natureza do prazer e a forma pela qual o pensamento destrói aquilo que foi uma grande alegria. A alegria não pode de modo algum se tornar prazer. Ela vem naturalmente; acontece, vem como a felicidade. Mas no momento em que diz "Ah, estou muito feliz", você já deixou de ser feliz.

O que é então o amor no relacionamento humano? Qual o lugar do amor no relacionamento humano? Ele tem algum lugar aí? No entanto, temos de viver juntos, temos de cooperar juntos, temos de ter filhos juntos. Pode o homem que ama enviar o filho para a guerra? Eis o problema de vocês. Vocês têm filhos, e a educação que lhes proporcionam prepara as crianças para a guerra, para matar. Descubram! Portanto, o que é o amor, e que relação tem com a nossa existência humana? Creio que essa pergunta só poderá ser respondida — de modo concreto, não verbal ou intelectualmente — quando todo o princípio do prazer, e o pensamento, e esse vir-a-ser, forem compreendidos. Quando isso ocorrer, vocês vão encontrar um tipo completamente diferente de relacionamento.

Com Estudantes na Rajghat School, 19 de Dezembro de 1952

Estávamos discutindo o complexo problema do amor. Não creio que cheguemos a compreendê-lo sem antes compreendermos um problema de igual complexidade que denominamos mente. Vocês já se deram conta de como somos inquisitivos quando muito jovens? Queremos saber, vemos muito mais coisas do que as pessoas mais velhas. Observamos, quando estamos despertos, coisas de que os mais velhos não se dão conta. Quando somos jovens, nossa mente é bem mais alerta, muito mais curiosa e desejosa de saber. É por esse motivo que, na juventude, aprendemos matemática e geografia com tanta facilidade. À medida que amadurecemos, nossa mente vai ficando cada vez mais cristalizada, cada vez mais pesada, cada vez mais inflexível. Vocês já observaram como as pessoas velhas são preconceituosas? A mente delas se fixou; elas não são receptivas, abordam tudo de um ponto de vista que não muda. Vocês são jovens agora, mas, se não forem muito cuidadosos, também ficarão assim.

Não é, pois, muito importante entender a mente e ver se vocês podem ser flexíveis, capazes de ajustes instantâneos, de demonstrar capacidades extraordinárias em todos os campos da vida, de fazer análises profundas, de compreender, em vez de, pouco a pouco, se tornar obtusos? Não deveriam vocês conhecer os meandros da mente a fim de compreender o caminho do amor? Porque é a mente que destrói o amor. As pessoas inteligentes, as pessoas cheias de recursos intelectuais, não sabem o que é o amor porque a mente dessas pessoas é muito atilada, porque elas são muito inteligentes, porque são muito superficiais — o que significa ficar na superfície —, e o amor não é uma coisa que exista na superfície.

O que é a mente? Não me refiro ao cérebro, à construção física do cérebro, acerca da qual qualquer fisiologista falará a vocês. O cérebro é algo que reage a várias respostas nervosas. Mas vocês vão descobrir o que é a mente. A mente diz: "Eu penso; é meu; é seu; estou magoado; estou com ciúmes; amo; odeio; sou indiano; sou muçulmano; acredito nisso; não acredito naquilo; eu sei; você não sabe, eu respeito; eu desprezo; eu quero; eu não quero." O que é isso? Até compreenderem isso — até se familiarizarem com todo o processo do pensamento, que é a mente —, até tomarem consciência disso, à medida que amadurecem, gradualmente, vocês vão se tornando rígidos, cristalizados, obtusos, fixados num determinado padrão de pensamento.

O que é isso a que vocês dão o nome de mente? É o modo de pensar, a maneira como vocês pensam. Estou falando da mente de vocês — não da mente de outrem, nem da maneira como ela iria pensar —, da forma como vocês sentem, da forma como olham para as árvores, para os peixes, para os pescadores, do modo como encaram os moradores das cidadezinhas. Essa mente vai ficando pouco a pouco distorcida ou amoldada a um certo padrão. Quando querem algo, quando desejam, quando anseiam, quando aspiram a ser alguma coisa, vocês estabelecem um padrão; ou seja, a mente cria um padrão e nele se aprisiona. O seu desejo cristaliza a sua mente. Digamos, por exemplo, que eu queira ser um homem muito rico. O desejo de ser um homem abastado cria um padrão e meu pensamento fica preso nele; e eu só posso pensar nesses termos, não posso ir além. Então a mente se vê prisioneira desse padrão, cristaliza-se nele, se endurece, torna-se obtusa. Ou, se acredito em algo — em Deus, num determinado sistema político —, a própria crença começa a estabelecer um padrão, porque essa crença é o resultado do meu desejo e esse desejo fortalece as paredes do padrão. Aos poucos, minha mente vai ficando obtusa, incapaz de se ajustar, de agir com rapidez, com perspicácia, com lucidez, porque estou preso no labirinto dos meus próprios desejos.

Assim, enquanto não examinar de fato esse processo da minha mente, a minha maneira de pensar, o modo como encaro o amor, enquanto eu não me familiarizar com o processo do meu próprio pensamento, é impossível que eu descubra o que é o amor. Não haverá amor quando a minha mente desejar certos fatos do amor, certas ações da parte dele, e quando, nessas circunstâncias, eu imaginar o que o amor deveria ser. Assim, eu atribuo certas intenções ao amor. Logo, gradualmente, crio o padrão de ação relativo ao amor. Mas isso não é o amor; é apenas o meu desejo do que o amor deveria ser. Digamos, por exemplo, que eu possua você, como mulher ou marido. Vocês compreendem a palavra *possuir*? Vocês possuem um *sari* ou um capote. Se alguém os tomasse, vocês ficariam furiosos, ansiosos, irritados. Por quê? Porque consideram o *sari* ou o capote uma propriedade, vocês o possuem porque, graças à posse, sentem-se enriquecidos. Tendo muitos *saris,* muitos capotes, sentem-se ricos, não só em termos físicos, mas interiormente ricos. Assim, quando alguém lhes tira o capote, vocês ficam irritados porque, interiormente, estão sendo privados desse sentimento de ser ricos, desse sentimento de posse. O ser proprietário cria uma barreira com relação ao amor, não é? Se eu sou o seu dono, se o possuo, isso é amor? Possuo você como possuo um carro, um capote, um *sari*, porque, ao possuir, sinto-me muito rico. Eu dependo disso; isso é muito importante para mim interiormente. Esse ser dono, esse possuir, esse depender — é a isso que damos o nome de amor. Mas, se examinarem isso, vocês verão que, por trás disso, a mente se sente satisfeita com a posse. Afinal, quando vocês possuem um *sari* ou muitos *saris*, ou um carro ou uma casa, interiormente isso lhes dá uma certa satisfação, a sensação de que essas coisas lhes pertencem.

Portanto, a mente, desejando, querendo, cria um padrão e se vê presa a esse padrão, e vai ficando preocupada, obtusa, estúpida, irrefletida. A mente é o centro desse sentimento do "meu", do sentimento de que possuo algo, de que sou um grande homem, de que sou um homem insignificante, de que sou insultado, de que sou lisonjeado, de que sou inteligente, de que sou muito bonito ou de que quero ser ambicioso, ou ainda de que sou filha de alguém ou filho de alguém. Esse sentimento do "mim", do "eu", é o centro da mente, é a própria mente. Assim, quanto mais a mente sente "isto é meu" e constrói paredes ao redor do sentimento de que "eu sou alguém", "eu devo ser grande", "sou um homem muito inteligente" ou "sou um homem muito estúpido ou obtuso", e quanto mais cria um padrão, tanto mais encarcerada e obtusa ela fica. E ela sofre; vem então a dor desse encarceramento. E ela diz "O que devo fazer?" A mente então se esforça por encontrar alguma outra coisa em vez de remover as paredes que a circunscrevem — por meio do pensamento, da atenção cuidadosa, da penetração nessas paredes, da compreensão dessas paredes. Ela quer pegar algo de fora para então se fechar novamente. Assim, aos poucos, a mente vai se transformando numa barreira para o amor. Logo, sem compreender a vida, o que a mente é, o modo de pensar, a maneira pela qual é gerada a ação, é impossível descobrir o que é o amor.

Não é a mente, também, um instrumento de comparação? Vocês dizem que isto é melhor que aquilo; vocês se comparam com alguém mais bonito, mais inteligente. Há comparação quando vocês dizem: "Lembro-me daquele rio que vi há um ano e ele era ainda mais bonito." Você se comparam com alguém, comparam-se com um exemplo, com o ideal último. O juízo comparativo embota a mente; ele não torna a mente mais perspicaz, ele não a faz abrangente, compreensiva — porque, quando se passa o tempo todo comparando, o que acontece? Vocês vêem o ocaso e o comparam de imediato com o ocaso anterior. Vocês vêem uma montanha e percebem sua grande beleza. Depois dizem: "Vi uma montanha ainda mais bonita há dois anos." Quando comparam, vocês não estão de fato contemplando o pôr-do-sol que está na sua frente, mas o contemplam a fim de compará-lo com alguma outra coisa. Assim, a comparação impede que vocês contemplem plenamente. Olho para você, que é bonito, mas digo "Conheço uma pessoa muito mais bonita, uma pessoa muito melhor, uma pessoa mais nobre, uma pessoa mais tola". Quando faço isso, não estou olhando para você. Como a minha mente está ocupada com outra coisa, não estou absolutamente olhando para você. Da mesma forma, não estou absolutamente contemplando o ocaso. Para se contemplar de fato o ocaso, não pode haver comparação; para olhar de fato para você, não posso compará-lo com outra pessoa. Somente quando olho para você sem um juízo comparativo é que posso compreendê-lo. Porém, quando o comparo com outra pessoa, eu julgo você e digo "Ah!, ele é um homem muito estúpido". Assim, a estupidez surge quando há comparação. Eu o comparo com outra pessoa e essa mesma comparação elimina a dignidade humana. Quando olho para você sem comparar, interesso-me apenas por você e não por outra pessoa. O próprio interesse por você, sem comparações, gera a dignidade humana.

Em conseqüência, enquanto a mente está comparando, não há amor; e a mente está sempre julgando, comparando, avaliando, procurando descobrir onde está o ponto fraco. Logo, onde há comparação não existe amor. Quando a mãe e o pai amam os filhos, eles não os comparam, não comparam o filho com outra criança; ele é o seu filho e eles amam esse filho. Mas vocês querem comparar-se com algo melhor, com algo mais nobre, com algo mais rico; e, assim, criam em si mesmos uma falta de amor. Vocês estão sempre preocupados consigo mesmos em relação a outra pessoa. À medida que se torna cada vez mais comparativa, cada vez mais possessiva, cada vez mais dependente, a mente cria um padrão em cujas malhas se aprisiona a si mesma, de modo que não pode ver coisa alguma de maneira nova pela primeira vez. Desse modo, ela destrói essa coisa, esse perfume da vida, que é o amor.

❖

Estudante: O amor não tem fim? O amor se baseia na atração?

Krishnamurti: Suponha que você se sinta atraído por um belo rio, por uma bela mulher ou por um homem. O que há de errado com isso? Estamos tentando descobrir. Veja, quando me sinto atraído por uma mulher, por um homem, por uma criança ou pela verdade, eu quero estar com aquilo que me atrai, quero possuí-lo, quero chamá-lo de meu: digo que é meu e não seu. Sou atraído por uma pessoa, tenho de ficar perto dessa pessoa, meu corpo tem de estar perto do corpo dessa pessoa. E o que fiz? O que geralmente acontece? O fato é que me sinto atraído por essa pessoa e quero ficar perto dela; isto é um fato, não um ideal. E é também um fato que, quando me sinto atraído e quero possuir, não há amor. Meu interesse é pelo fato e não pelo que eu deveria ser. Quando possuo uma pessoa, não quero que ela olhe para ninguém mais. Quando considero essa pessoa minha, há amor? É óbvio que não. No momento em que a minha mente cria uma cerca ao redor dessa pessoa, tornando-a "minha", não há amor.

O fato é que a minha mente está fazendo isso o tempo inteiro. É isso que estamos discutindo, para saber como a mente está funcionando; e, talvez, tendo-se consciência disso, a própria mente se aquiete.

❖

Estudante: Por que sentimos necessidade de amor?

Krishnamurti: Você quer dizer por que temos de ter amor? Por que existe o amor? Podemos passar sem ele? O que aconteceria se vocês não tivessem isso a que se dá o nome de amor? Se seus pais começassem a pensar por que o amam, você poderia não estar aqui. Eles poderiam mandá-lo embora. Eles pensam que amam você; logo, querem protegê-lo, querem vê-lo educado, sentem que devem dar a você todas as oportunidades de ser alguma coisa. Esse sentimento de proteção, esse sentimento de querer vê-lo educado, esse sentimento de que você lhes pertence, é o que eles geralmente chamam de amor. Sem isso, o que aconteceria? O que aconteceria se seus pais não o amassem? Você seria tratado com descaso, seria inconveniente, você seria expulso, eles o odiariam. Assim, felizmente, há esse sentimento de amor, talvez obscurecido, talvez degradado e feio, mas que ainda existe, felizmente para você e para mim; do contrário, você e eu não teríamos sido educados, não existiríamos.

Bombaim, 12 de Fevereiro de 1950

Questionador: A nossa vida se acha esvaziada de qualquer impulso verdadeiro de benevolência, e procuramos preencher esse vazio com a caridade organizada e a justiça compulsória. O sexo é a nossa vida. O senhor poderia lançar alguma luz sobre esse tema indigesto?

Krishnamurti: Para traduzir a pergunta: o nosso problema está no fato de a nossa vida ser vazia e de não conhecermos o amor; conhecemos sensações, conhecemos a publicidade, conhecemos exigências sexuais, mas não há amor. E como se faz para transformar esse vazio, como encontrar essa chama sem fumaça? Esta é por certo a pergunta, não é? Então, vamos descobrir juntos a verdade desse assunto.

Por que a nossa vida é vazia? Embora sejamos muito ativos, embora escrevamos livros e freqüentemos o cinema, embora nos divirtamos, amemos e vamos ao escritório, nossa vida é vazia, tediosa, mera rotina. Por que os nossos relacionamentos são tão superficiais, estéreis e sem muito sentido? Conhecemos a nossa vida suficientemente bem para saber que a nossa existência tem muito pouco significado; citamos frases e idéias que aprendemos — o que fulano ou beltrano disseram, o que os *mahatmas*, os santos mais recentes ou os antigos santos disseram. Se não for um líder religioso, seguimos um líder político ou intelectual, seja Marx, Adler ou Cristo. Somos apenas fitas gravadas que repetem, e damos a esse repetição o nome de *conhecimento*. Aprendemos, repetimos, e a nossa vida continua extremamente superficial, entediante e repulsiva. Por quê? Por que é assim? Por que atribuímos tanta importância às coisas da mente? Por que a mente veio a se tornar tão importante na nossa vida — quando digo mente refiro-me às idéias, ao pensamento, à capacidade de racionalizar, de avaliar, de sopesar, de calcular? Por que damos uma ênfase tão extraordinária à mente?, o que não significa que devamos nos tornar emotivos, sentimentais e melosos. Conhecemos esse vazio, esse extraordinário sentimento de frustração. Por que há na nossa vida essa vasta superficialidade, esse sentimento de negação? Não há dúvida de que só podemos compreendê-lo quando o abordamos por meio da consciência do relacionamento.

O que de fato está acontecendo nos nossos relacionamentos? Nossos relacionamentos não constituem um auto-isolamento? Não são todas as atividades da mente um processo de salvaguarda, de busca de segurança, de isolamento? Não é esse pensamento, que dizemos ser coletivo, um processo de isolamento? Não é toda ação da nossa vida um processo de auto-encerramento? Vocês podem vê-lo na sua vida diária. A família tornou-se um processo de auto-isolamento e, sendo isolada, deve existir em oposição. Assim, todas as nossas ações estão levando ao auto-isolamento, que cria essa sensação de vazio; e, sendo vazios, procuramos preencher o vazio com rádios, com barulho, com tagarelices, com fofocas, com a leitura, com a aquisição de conhecimento, com a respeitabilidade, o dinheiro, a posição social e por aí afora. Mas tudo isso é parte do processo de isolamento e, portanto, apenas reforça o isolamento. Assim, para a maioria de nós, a vida é um processo de isolamento, de negação, de resistência, de ajustamento a um padrão; e, naturalmente, nesse processo não há vida, havendo, por conseguinte, uma sensação de vacuidade, uma sensação de frustração. Claro que amar alguém é estar em comunhão com essa pessoa, não num determinado grau, mas completa, integral e profusamente; porém, nós não conhecemos esse amor. Só conhecemos o amor como sensação — os meus filhos, a minha mulher, a minha propriedade, o meu conhecimento, a minha realização; e isso é novamente um processo de isolamento. A nossa vida, em todas as direções, leva à exclusão; ela é um impulso de auto-isolamento da parte do pensamento e do sentimento; às vezes conseguimos nos comunicar com o outro. Eis por que existe esse enorme problema.

Ora, esse é o estado atual da nossa vida — respeitabilidade, posse e vazio — e a pergunta é como proceder para irmos além dele. Como ir além dessa solidão, desse vazio, dessa insuficiência, dessa pobreza interior? A meu ver, a maioria de nós não deseja fazê-lo. A maioria de nós fica satisfeita com a maneira como é; é muito cansativo descobrir uma coisa nova, e por isso preferimos permanecer como estamos — e aí reside a verdadeira dificuldade. Temos muitas coisas que nos dão segurança; construímos paredes ao redor de nós mesmos, com as quais estamos satisfeitos e, ocasionalmente, há um murmúrio vindo de além da parede; há de vez em quando um terremoto, uma revolução, uma perturbação que logo neutralizamos. Desse modo, a maioria de nós na realidade não quer ir além do processo de autoisolamento; tudo o que procuramos é um sucedâneo, a mesma coisa numa outra forma. Nossa insatisfação é bem superficial; queremos uma coisa nova que nos satisfaça, uma nova segurança, uma nova maneira de nos proteger — o que é, mais uma vez, o processo de isolamento. O que estamos procurando, a bem dizer, não é ir além do isolamento, mas reforçá-lo de modo que ele venha a ser permanente e livre de interferências. São poucos os que desejam derrubar as barreiras e ver o que existe para além disso que chamamos de vacuidade, solidão. Aqueles que buscam um sucedâneo para o antigo ficarão satisfeitos ao descobrir algo que proporcione uma nova segurança, mas há evidentemente quem queira ir além disso; por isso, prossigamos com eles.

Ora, para ir além da solidão, do vazio, é preciso compreender todo o processo da mente. O que é isto que chamamos de solidão, de vazio? Como sabemos que é vazio, que é solidão? A partir de que critério vocês dizem que é isto e não aquilo? Quando vocês dizem que é solidão, que é vazio, qual é a referência? Vocês só podem sabê-lo a partir das medidas proporcionadas pelo antigo. Vocês dizem que algo é *vazio*, vocês o nomeiam, e julgam tê-lo compreendido. Não será o próprio ato de nomear um empecilho à sua compreensão? A maioria de nós sabe o que é a solidão, da qual estamos tentando escapar. A maioria de nós tem consciência dessa pobreza interior, dessa insuficiência interior. Não se trata de uma reação abortiva, mas de um fato; e ao lhe dar um nome não o podemos dissolver — ele está presente. Ora, como conhecemos seu conteúdo, como chegamos a saber qual é a sua natureza? Vocês conhecem alguma coisa por lhe dar um nome? Vocês me conhecem ao me chamar por um nome? Vocês só podem me conhecer quando me observam, quando têm comunhão comigo, mas chamar-me por um nome, dizer que sou isso ou aquilo, obviamente põe fim à comunhão comigo. De modo semelhante, para se conhecer a natureza daquilo que denominamos solidão, tem de haver comunhão com ela, e a comunhão não é possível se vocês a nomeiam. Para compreender alguma coisa, é preciso antes de tudo fazer cessar o ato de nomear. Se desejam de fato entender seu filho — o que eu duvido — o que vocês fazem? Vocês olham para ele, observam-no a brincar, contemplam-no, estudam-no. Em outras palavras, vocês amam aquilo que desejam compreender. Quando vocês amam alguma coisa, há naturalmente comunhão com essa coisa, mas o amor não é uma palavra, um nome, um pensamento. Vocês não podem amar aquilo a que dão o nome de *solidão* porque não têm plena consciência dela, porque a abordam com medo — não medo da solidão, mas de outra coisa. Vocês não pensaram sobre a solidão porque não sabem de fato o que ela é. Não riam; isto não é um argumento inteligente. Pensem bem no assunto enquanto falamos e verão todo o seu alcance.

Logo, aquilo que denominamos o *vazio* é um processo de isolamento que é o produto do relacionamento cotidiano, porque, no relacionamento, consciente ou inconscientemente, estamos procurando a exclusão. Vocês querem ser o proprietário exclusivo daquilo que lhes pertence, da mulher ou do marido, dos filhos; querem caracterizar a coisa ou pessoa como *meu,* o que evidentemente significa aquisição exclusiva. Esse processo de exclusão deve inevitavelmente levar a um sentimento de isolamento; e como nada pode viver em isolamento, há conflito, e estamos tentando escapar desse conflito. Todas as formas de fuga que podemos conceber — as atividades sociais, a bebida, a busca de Deus, a *puja*, a realização de cerimônias, a dança e outras diversões — estão no mesmo nível; e se vemos na vida diária esse processo total de fuga do conflito e queremos suplantá-lo, temos de compreender o relacionamento. Só quando a mente não está escapando de nenhuma maneira é possível estar em comunhão direta com aquilo a que damos o nome de solidão: o só; e para haver comunhão com isso, tem de haver afeição, tem de haver amor. Em outras palavras, vocês têm de amar a coisa para compreendê-la. O amor é a única revolução, e o amor não é uma teoria nem uma idéia; ele não segue nenhum livro nem padrão de comportamento social.

Logo, a solução do problema não vai ser encontrada nas teorias, que servem somente para aumentar o isolamento. Ela só será encontrada quando a mente, que é pensamento, não estiver se empenhando em fugir da solidão. A fuga é um processo de isolamento, e a verdade é que só pode haver comunhão quando há amor. Só então é resolvido o problema da solidão.

Ojai, 28 de Agosto de 1949

Questionador: Admito que as idéias separam, mas elas também unem as pessoas. Elas não são a expressão do amor que torna possível a vida comunitária?

Krishnamurti: Fico imaginando, quando vocês me fazem essa pergunta, se vocês se dão conta de que as idéias, as crenças, as opiniões separam as pessoas; que as ideologias produzem rupturas; que as idéias inevitavelmente provocam dilaceramento. As idéias não mantêm as pessoas juntas — embora vocês possam tentar juntar pessoas que pertencem a ideologias diferentes e opostas. As idéias não podem unir pessoas, pois sempre podem ser objeto de oposição e de destruição por meio do conflito. Afinal, as idéias são imagens, sensações, palavras. As palavras, as sensações, os pensamentos podem unir as pessoas? Ou será necessário algo bem diferente para unir as pessoas? Vemos que o ódio, o medo e o nacionalismo unem as pessoas. O medo une as pessoas. Um ódio comum às vezes une pessoas opostas entre si, assim como o nacionalismo une grupos adversários. Isso por certo são idéias. E o amor é uma idéia? Vocês podem pensar sobre o amor? Vocês têm condições de pensar sobre uma pessoa ou um grupo de pessoas a quem amam. Mas isso é o amor? Quando há pensamento sobre o amor, isso é o amor? O pensamento é amor? E, decerto, só o amor pode unir as pessoas, e não o pensamento — não um grupo em oposição a outro. Onde há amor, não há grupo, classe nem nacionalidade. Logo, é preciso descobrir o que se designa por amor.

Sabemos o que designamos por idéias, opiniões, crenças. Então, o que designamos por amor? Será o amor uma coisa da mente? Ele é uma coisa da mente quando as coisas da mente preenchem o coração. E com a maioria de nós é isso o que acontece. Preenchemos nosso coração com as coisas da mente, que são opiniões, idéias, sensações, crenças; e vivemos e amamos ao redor disso e no âmbito disso. Mas será que o amor é isso? Podemos pensar sobre o amor? Quando vocês amam, o pensamento está funcionando? Amor e pensamento não estão em oposição; não vamos separá-los como opostos. Quando se ama há uma sensação de dissociação, de estar unindo as pessoas, ou de estar dispersando-as, afastando-as? Claro está que o amor só pode ser vivenciado quando o pensamento não está funcionando — o que não significa que se deva ficar louco, desequilibrado. Pelo contrário. Há necessidade da modalidade mais elevada de pensamento para ir além.

Logo, o amor não é uma coisa da mente. Só quando a mente está bem quieta, quando ela já não espera, não pede, não exige, não busca, não possui, não fica ciumenta nem temerosa ou ansiosa — quando a mente está de fato em silêncio, só então há uma possibilidade de amor. Quando a mente cessa de projetar-se, de procurar suas sensações, exigências, impulsos, temores ocultos particulares, quando ela não mais busca a auto-realização ou já não está aprisionada à crença — só então há uma possibilidade de amor. Contudo, a maioria de nós julga que o amor é compatível com o ciúme, com a ambição, com a busca de desejos e ambições pessoais. Não há dúvida de que, quando existem essas coisas, o amor não está presente.

Portanto, não temos de nos preocupar com o amor, que vem à existência espontaneamente, sem nenhum esforço particular nosso no sentido de buscá-lo; temos de nos preocupar com as coisas que estão sendo empecilhos ao amor, com as coisas da mente que se projetam e criam uma barreira. E por isso é importante, antes de podermos saber o que é o amor, saber qual é o processo da mente, que constitui a sede do eu. E por esse motivo também é importante penetrar ainda mais profundamente na questão do autoconhecimento — não dizer simplesmente "tenho de amar" ou "o amor une as pessoas", ou ainda "as idéias dilaceram", o que não passaria de repetição daquilo que vocês têm ouvido, sendo, portanto, completamente inútil. As palavras embaraçam. Mas se pudermos entender toda a significação dos caminhos do nosso próprio pensar, dos caminhos do nosso desejo e de suas buscas e ambições, então haverá a possibilidade de se ter ou compreender o amor. Mas isso exige um extraordinário grau de autoconhecimento.

Quando há abnegação, quando há esquecimento de si mesmo — não intencionalmente, mas de modo espontâneo, um esquecimento de si mesmo, uma autonegação que não seja resultado de práticas ou disciplinas que apenas limitam —, há possibilidade de amor. A autonegação vem a existir quando é compreendido todo o processo do eu, tanto consciente como inconscientemente, tanto nas horas de vigília como no sonho. Então, é entendido o processo total da mente tal como se manifesta de fato nos relacionamentos, em cada incidente e em cada resposta aos desafios que se apresentam a cada pessoa. Quando se compreende isso e, por conseguinte, liberta-se a mente do seu próprio processo de autocorreção, de autolimitação, há possibilidade de amor.

O amor não é sentimento nem romantismo, nem depende de alguma coisa, e esse é um estado bastante árduo e difícil de entender ou no qual se encontrar — porque a nossa mente está sempre interferindo, limitando, perturbando o seu funcionamento. Portanto, importa compreender primeiro a mente e seus modos de proceder; do contrário, ver-nos-emos vítimas de ilusões, de palavras e sensações que significam muito pouco. Para a maioria das pessoas, as idéias funcionam apenas como refúgio, como fuga; idéias que se tornaram crenças não podem deixar de impedir a vida completa, a ação completa, o pensamento correto. Só é possível pensar de modo correto, viver livre e inteligentemente, quando há um autoconhecimento cada vez mais profundo e amplo.

Bombaim, 12 de Março de 1950

Questionador: Sabemos que o sexo é uma necessidade física e psicológica inescapável, e ele parece ser uma causa essencial do caos que há na vida pessoal da nossa geração. É um horror para as jovens mulheres que são vítimas da luxúria dos homens. A supressão e a falta total de limites são igualmente ineficazes. Como podemos lidar com esse problema?

Krishnamurti: Por que transformamos em problema tudo aquilo em que tocamos? Tornamos Deus um problema, o amor um problema, fizemos do relacionamento, da vida, um problema, e fizemos do sexo um problema. Por quê? Por que tudo que fazemos é um problema, um horror? Por que estamos sofrendo? Por que o sexo se tornou um problema? Por que nos submetemos a viver com problemas; por que não acabamos com eles? Por que não morremos para os nossos problemas, em vez de os carregarmos conosco dia após dia, ano após ano? O sexo com certeza é uma questão pertinente, mas há a questão primordial: por que transformamos a vida num problema? O trabalho, o sexo, ganhar dinheiro, pensar, sentir, vivenciar — vocês sabem, todos os aspectos da vida — por que isso tudo é um problema? Não o será essencialmente porque pensamos a partir de um ponto de vista particular, de um ponto de vista fixo? Estamos sempre pensando do centro para a periferia, mas a periferia é o centro para a maioria de nós, e por isso tudo aquilo em que tocamos é superficial. Mas a vida não é superficial; ela exige que se viva completamente. E como só vivemos superficialmente, conhecemos apenas a reação superficial. Qualquer coisa que fizermos na periferia cria de modo inevitável um problema, e isso é a nossa vida — vivemos no superficial e ficamos contentes em viver ali, com todos os problemas que o superficial acarreta.

Desse modo, os problemas existem enquanto vivemos no superficial, na periferia — sendo esta última o "eu" e suas sensações, que podem ser externalizados ou tornados subjetivos, que podem ser identificados com o universo, com o país ou com alguma outra coisa formada pela mente. Logo, enquanto vivermos no campo da mente, tem de haver complicações, tem de haver problemas, e isso é tudo o que conhecemos. A mente é sensação, é o resultado de sensações e reações acumuladas, e tudo o que a toca está fadado a criar angústia, confusão, um problema interminável. A mente é a verdadeira causa dos nossos problemas, a mente que está funcionando de modo mecânico dia e noite, consciente e inconscientemente. A mente é uma coisa muito superficial, e gastamos gerações — gastamos toda a nossa vida — cultivando a mente, tornando-a cada vez mais brilhante, cada vez mais sutil, cada vez mais engenhosa, cada vez mais desonesta e deformada —, o que é evidente em todas as atividades da vida. É da própria natureza da nossa mente o ser desonesta, deformada, incapaz de encarar os fatos, e essa é a causa dos problemas, esse é o próprio problema.

Ora, o que queremos dizer com o problema do sexo? Trata-se do ato ou de um pensamento sobre o ato? Certamente não é o ato. O ato sexual não é problema para vocês, não mais do que o ato de comer o é; mas se vocês passarem o dia inteiro pensando em comer, por não terem mais em que pensar, ele se torna um problema para vocês. Portanto, o problema é o ato sexual ou o pensar sobre o ato? Por que vocês pensam nisso? Por que vocês o reforçam? Os cinemas, as revistas, as histórias, a maneira como as pessoas se vestem, tudo reforça seu pensamento sobre o sexo. Por que a mente o reforça, por que a mente pensa em sexo? Por que o sexo se tornou um tema central de sua vida? Num momento em que há tantas coisas pedindo, exigindo sua atenção, vocês dão completa atenção ao pensar sobre o sexo. Por que a mente de vocês tanto se ocupa dele? Porque essa é a derradeira modalidade de fuga. É uma maneira de conseguir o completo esquecimento de si mesmo. Por um instante, ao menos por um instante, vocês podem se esquecer de si mesmos — e não há outra maneira de vocês se esquecerem de si mesmos. Todas as outras coisas que vocês fazem na vida dão ênfase ao "eu", a si mesmo. Seus negócios, suas religiões, seus deuses, seus líderes, suas ações políticas e econômicas, suas fugas, suas atividades sociais, sua adesão a um partido e a rejeição de outro — todas essas coisas estão acentuando e dando força ao "eu". Ou seja, há apenas um ato em que não existe ênfase no "eu", e por isso esse ato se torna um problema. Quando há apenas uma coisa em sua vida que constitui o único caminho para a fuga última, para o completo esquecimento de si mesmo, ao menos por uns poucos segundos, vocês se apegam a ele por ser esse o único momento em que são felizes. Todas as outras coisas em que vocês tocam se tornam pesadelos, fontes de sofrimento e de dor, e por esse motivo vocês se aferram à única coisa que proporciona um completo esquecimento de si mesmos, que vocês denominam felicidade. Mas quando vocês se apegam, também ela se torna um pesadelo, porque então vocês desejam ver-se livres dela; vocês não querem ser escravizados por ela. Assim, vocês inventam, mais uma vez a partir da mente, a idéia de castidade, de celibato, e tentam ser celibatários, castos, mediante a supressão, a negação, a meditação, todo tipo de práticas religiosas, coisas que são, todas elas, operações da mente para se desvincular do fato. Isso mais uma vez dá ênfase particular ao "eu", que está tentando se tornar algo; logo, uma vez mais, vocês se vêem presa da angústia, dos problemas, do esforço, da dor.

Como resultado, o sexo se torna um problema extraordinariamente difícil e complexo enquanto vocês não entenderem a mente que pensa sobre o problema. O ato em si não pode ser um problema, mas o pensamento acerca do ato cria o problema. Vocês salvaguardam o ato; vocês levam uma vida sem restrições ou favorecem o casamento. Não resta dúvida de que o problema só pode ser resolvido se vocês entenderem todo o processo e toda a estrutura do "eu" e do "meu" — minha mulher, meu marido, meu filho, minha propriedade, meu carro, minha realização, meu sucesso; e até vocês compreenderem e resolverem tudo isso, o sexo como problema vai permanecer. Enquanto vocês forem ambiciosos — politicamente, religiosamente, de qualquer maneira —, enquanto enfatizarem o eu, o pensador, o vivenciador, alimentando-o com a ambição, seja em seu nome pessoal, como um indivíduo, ou em nome do país, do partido ou da idéia que denominam religião, enquanto houver essa atividade de expansão do eu, vocês terão um problema sexual.

Vocês com certeza estão se criando, se alimentando, se expandindo a si mesmos, de um lado, e, do outro, tentando se esquecer de si mesmos, perder o eu ao menos por um instante. Como podem essas duas atitudes conviver uma com a outra? Logo, a vida de vocês é uma contradição: ênfase no "eu" e esquecimento do "eu". O sexo não é um problema; o problema é essa contradição na vida de vocês, contradição que não pode ser superada pela mente, visto ser a própria mente uma contradição. A contradição só pode ser compreendida quando vocês entenderem plenamente todo o processo de sua existência cotidiana. Ir ao cinema, ler livros que estimulam o pensamento, revistas com fotos de pessoas seminuas, a maneira como vocês olham os outros, os olhares sub-reptícios que são lançados a vocês — todas essas coisas estão encorajando a mente, por caminhos insidiosos, a enfatizar o si-mesmo; e, ao mesmo tempo, vocês tentam ser amáveis, amorosos, ternos. Essas duas atitudes não podem conviver uma com a outra.

O homem ambicioso, em termos espirituais ou outros quaisquer, nunca pode viver sem problemas, porque os problemas só cessam quando o si-mesmo é esquecido, quando o "eu" inexiste; e esse estado de inexistência do eu não é um ato da vontade, não é uma mera reação. O sexo se torna uma reação e, quando a mente tenta resolver o problema, ela apenas o torna mais confuso, mais perturbador, mais doloroso. Por conseguinte, o ato não é o problema, mas a mente o é — a mente que diz que deve ser casta. A castidade não é da mente. A mente só pode suprimir suas próprias atividades, e a supressão não é castidade. A castidade não é uma virtude, a castidade não pode ser cultivada. O homem que cultiva a humildade com certeza não é humilde; ele pode denominar seu orgulho humildade, mas é um homem orgulhoso, sendo por esse motivo que procura tornar-se humilde. O orgulhoso nunca pode tornar-se humilde, e a castidade não é uma coisa da mente — vocês não podem *tornar-se* castos. Vocês só vão conhecer a castidade quando houver amor, e o amor não é da mente nem uma coisa da mente.

Logo, o problema do sexo, que tortura tanta gente em todo o mundo, não pode ser resolvido sem que a mente seja compreendida.

Não podemos fazer o pensamento parar, mas o pensamento pára quando o pensador cessa, e o pensador só cessa quando há a compreensão de todo o processo. O medo vem à existência quando há divisão entre o pensador e seu pensamento; quando não há o pensador, só então não existe conflito no pensamento. O que está implícito não requer esforço para ser entendido. O pensador vem à existência mediante o pensamento; então, o pensador se põe a moldar, a controlar seus pensamentos ou a fazê-los parar. O pensador é uma entidade fictícia, é uma ilusão da mente. Quando há percepção do pensamento como fato, não é necessário pensar sobre o fato. Se há uma consciência simples, que não faz escolhas, então o que se acha implícito no fato começa a se revelar. Em conseqüência, o pensamento como fato termina. Nesse momento, vocês se darão conta de que os problemas que nos consomem o coração e a mente, os problemas da nossa estrutura social, podem ser resolvidos. Nesse caso, o sexo não é mais um problema, ele tem seu lugar apropriado, ele não é uma coisa impura nem uma coisa pura.

O sexo tem o seu lugar; contudo, quando a mente lhe concede o lugar predominante, ele se torna um problema. E a mente faz isso porque não pode viver sem alguma felicidade, e por isso o sexo se transforma num problema; mas quando a mente compreende todo o seu processo e cessa, isto é, quando o pensamento chega ao fim, há criação e é essa criação que nos faz felizes. Encontrarmo-nos nesse estado de criação é uma bem-aventurança, pois trata-se de um esquecimento de si mesmo em que não há reação vinda do eu. Não se trata de uma resposta abstrata ao problema cotidiano do sexo — trata-se da única resposta. A mente nega o amor e, sem amor, não há castidade. É porque não existe amor que vocês tornam o sexo um problema.

Questionador: O amor, tal como o conhecemos e vivenciamos, é uma fusão entre duas pessoas, ou entre os membros de um grupo; ele é excludente e há nele tanto a dor como a alegria. Quando o senhor diz que o amor é a única solução para os problemas da vida, está dando à palavra uma conotação que dificilmente vivenciamos. Um homem comum como eu pode conhecer o amor no sentido que o senhor lhe dá?

Krishnamurti: Todos podem conhecer o amor, mas só quando são capazes de encarar os fatos com grande clareza, sem resistência, sem justificação, sem a explicação que os destrói — apenas olhe as coisas com muita atenção, observe-as com muita clareza e minuciosamente. Ora, o que é aquilo a que damos o nome de amor? A pessoa que fez a pergunta diz que ele é excludente e que, nele, conhecemos a dor e a alegria. O amor é excludente? Descobriremos quando examinarmos aquilo que denominamos amor, o que o chamado homem comum denomina amor. Não existe o homem comum. Há apenas o homem, que é você e eu. O homem comum é uma entidade fictícia inventada pelos políticos. Há apenas o homem, que é você e eu, que estamos com aflição, com dor, com ansiedade, com medo.

Ora, o que é a nossa vida? Para descobrir o que é o amor, comecemos com o que sabemos. O que é o nosso amor? Em meio à dor e ao prazer, sabemos que ele é excludente, pessoal: minha mulher, meus filhos, meus país, meu Deus. Conhecemo-lo como uma chama em meio à fumaça, conhecemo-lo por meio do ciúme, por meio do domínio, da posse; conhecemo-lo por meio da perda quando o outro se vai. Logo, conhecemos o amor como sensação, não é verdade? Quando dizemos que amamos, conhecemos o ciúme, conhecemos o medo, conhecemos a ansiedade. Quando vocês dizem que amam alguém, tudo isso está envolvido: a inveja, o desejo de possuir, de ter, de dominar, o medo de perder e assim por diante. Tudo isso chamamos de amor, e não conhecemos amor sem medo, sem inveja, sem posse; simplesmente verbalizamos o estado do amor sem medo; dizemos ser ele impessoal, puro, divino ou Deus sabe o que mais, porém o fato é que somos ciumentos, somos dominadores, somos possessivos. Só conheceremos esse estado do amor quando o ciúme, a inveja, a possessividade, o domínio, chegarem ao fim; e enquanto possuirmos, jamais amaremos.

A inveja, a posse, o ódio, o desejo de dominar a pessoa ou coisa qualificada de *meu*, o desejo de possuir e de ser possuído — tudo isso é um processo de pensamento, não? O amor é um processo do pensamento? O amor é uma coisa da mente? Na realidade, para a maioria de nós, ele é. Não digam que não é um absurdo fazê-lo. Não neguem o fato de que o seu amor é uma coisa da mente. Ele por certo é; do contrário, vocês não possuiriam, vocês não dominariam, vocês não diriam "é meu". Como vocês dizem, o amor de vocês é uma coisa da mente; assim, o amor, para vocês, é um processo do pensamento. Vocês podem pensar na pessoa a quem amam, mas pensar na pessoa a quem amam é amor? Quando vocês pensam na pessoa a quem amam? Vocês pensam nela quando ela se foi, quando ela está longe, quando ela os deixou. Mas quando ela não os perturba mais, quando vocês podem dizer "ela é minha", vocês não têm de pensar nela. Vocês não têm de pensar nos seus móveis; eles são parte de vocês — o que constitui um processo de identificação destinado a evitar que vocês sejam perturbados, a evitar problemas, ansiedade, tristeza. Assim, vocês só sentem falta da pessoa a quem dizem amar quando estão perturbados, quando estão sofrendo; e enquanto possuem a pessoa, vocês não têm de pensar nela, porque na posse não há distúrbio. Mas quando a posse é perturbada, vocês começam a pensar e dizem "eu amo essa pessoa". Logo, seu amor é uma mera reação da mente, não é? O que significa que o seu amor não passa de uma sensação, e a sensação sem dúvida não é amor. Vocês pensam na pessoa quando vocês estão juntos? Quando vocês possuem, retêm, dominam, controlam, quando podem dizer "ela é minha" ou "ele é meu", não há problema. E a sociedade, tudo quanto vocês construíram ao redor de si mesmos, os ajuda a possuir para evitar que vocês sejam perturbados, para vocês não pensarem nisso. O pensamento vem quando vocês estão perturbados — e vocês estão fadados a ser perturbados enquanto seu pensamento for aquilo que chamam de *amor*.

O amor com certeza não é uma coisa da mente. É porque as coisas da mente ocuparam o nosso coração que não temos amor. As coisas da mente são o ciúme, a inveja, a ambição, o desejo de ser alguém, alcançar o sucesso. Essas coisas da mente tomam conta do coração de vocês, e vocês dizem então que amam; mas como podem amar se têm no coração todos esses elementos geradores de confusão? Quando há fumaça, como pode haver uma chama pura? O amor não é uma coisa da mente e é a única solução dos nossos problemas. O amor não é da mente, e o homem que acumulou dinheiro ou conhecimento nunca pode conhecer o amor, pois vive com as coisas da mente; suas atividades são da mente e tudo aquilo que toca ele transforma num problema, numa confusão, numa tortura.

Logo, o que chamamos de nosso amor é uma coisa da mente. Olhem para si mesmos e verão que o que estou dizendo é obviamente verdadeiro; do contrário, nossa vida, nosso casamento, nossos relacionamentos seriam totalmente diferentes; teríamos uma nova sociedade. Ligamo-nos aos outros não por meio de uma fusão, mas de um contrato que é chamado de amor, casamento. O amor não funde nem ajusta — não é pessoal nem impessoal: é um estado de ser. O homem que deseja fundir-se com algo maior, unir-se a outra pessoa, está evitando a angústia, a confusão; mas a mente ainda se encontra em separação, que significa desintegração. O amor não conhece a fusão nem a difusão; ele não é pessoal nem impessoal; é um estado de ser que a mente não pode encontrar — ela pode descrevê-lo, designá-lo por um termo, nomeá-lo, mas a palavra, a descrição, não é o amor.

Só quando a mente se aquietar conheceremos o amor, e esse estado de quietude não é algo a ser cultivado. Cultivar ainda é ação da mente; a disciplina ainda é produto da mente, e uma mente disciplinada, controlada, subjugada, uma mente que resiste, explica, não pode conhecer o amor. Vocês podem ler, podem escutar o que está sendo dito sobre o amor, mas isso não é o amor. Só quando vocês dão fim às coisas da mente, só quando seu coração está livre das coisas da mente, há amor. E vocês vão então saber o que é amar sem separação, sem distância, sem tempo, sem medo — e isso não está reservado a uns poucos. O amor não conhece hierarquias; há somente amor. Só há os muitos e o um, a exclusão, quando não se ama. Quando se ama, não existe o "você" nem o "eu". Nesse estado, há apenas uma chama sem fumaça.

Nova York, 18 de Junho de 1950

Questionador: Que devo fazer para me livrar do medo, que influencia todas as minhas atividades?

Krishnamurti: Essa é uma pergunta muito complexa, que requer uma cuidadosa atenção. E se não a acompanharmos e examinarmos por inteiro, no sentido de vivenciar cada passo à medida que caminhamos, não poderemos, ao final, ficar livres do medo.

O que designamos por medo? Medo de quê? Há vários tipos de medo, e não precisamos analisar cada um deles. Podemos, contudo, perceber que o medo passa a existir quando a nossa compreensão do relacionamento não é completa. O relacionamento não ocorre apenas entre pessoas, mas entre nós e a natureza, entre nós e a propriedade, entre nós e as idéias; e enquanto não o compreendermos plenamente, é inevitável que haja medo. A vida é relacionamento. Existir é estar em relação, e sem relacionamento não há vida. Nada pode existir em isolamento, e enquanto a mente buscar o isolamento, é inevitável que haja medo. Logo, o medo não é uma abstração; ele só existe em relação a alguma coisa.

Ora, a questão é como livrar-se do medo. Em primeiro lugar, tudo o que é superado tem de ser conquistado repetidas vezes. Nenhum problema pode ser superado, conquistado, definitivamente; pode ser compreendido, mas não conquistado. Compreender e conquistar são dois processos completamente distintos, e o processo de conquista leva a mais confusão, mais medo. Resistir a um problema, dominá-lo, pelejar com um problema ou construir defesas contra ele serve apenas para criar mais conflito, ao passo que, se pudermos compreender o medo, mergulhar nele de modo pleno passo a passo e explorar todo o seu conteúdo, ele nunca mais vai retornar sob qualquer aparência — e é isso o que espero que possamos fazer agora.

Como eu disse, o medo não é uma abstração; ele só existe em relação a alguma coisa. Ora, o que designamos por medo? Em última análise, temos medo do não ser, do não vir a ser. Ora, quando há medo de não ser, de não avançar, ou medo do desconhecido, da morte, pode esse medo ser vencido pela determinação, por uma conclusão, por alguma escolha? Claro que não. A mera supressão, sublimação ou substituição cria mais resistência, não é verdade? Logo, o medo jamais pode ser superado mediante qualquer forma de disciplina, de resistência. Nem pode haver liberdade com relação ao medo por meio da busca de uma resposta ou de uma mera explicação intelectual ou verbal.

Bem, o que tememos? Tememos um fato ou uma idéia sobre esse fato? Percebam, por favor, este ponto. Temos medo da coisa tal como é ou da coisa tal como pensamos ser? Vejamos, por exemplo, a morte. Tememos o fato da morte ou a idéia da morte? O fato é uma coisa, e a idéia sobre o fato, outra. Tenho medo da palavra *morte* ou do fato da morte? Por temer a palavra, a idéia, nunca compreendo o fato, nunca examino o fato, jamais entro em relação direta com o fato. Só quando estou em completa comunhão com o fato o medo desaparece. Mas se não estou em comunhão com o fato, há medo, e não há comunhão com o fato enquanto eu tiver uma idéia, uma opinião, uma teoria acerca do fato. Logo, tenho de saber com muita clareza se temo a palavra, a idéia, ou o fato. Se estou face a face com o fato, não há nada para entender a seu respeito: ele está presente e posso lidar com ele. Mas se temo a palavra, tenho de compreendê-la, penetrar em todo o processo daquilo que a palavra implica.

Por exemplo, temos medo da solidão, temos medo da dor, da agonia, da solidão. Está claro que esse medo existe porque nunca se encarou de fato a solidão, nunca se esteve em total comunhão com ela. No momento em que a pessoa se torna completamente receptiva ao fato da solidão, pode compreender o que ela é; mas a pessoa tem uma idéia, uma opinião a seu respeito, com base no seu conhecimento anterior, e é essa idéia, essa opinião, esse conhecimento anterior do fato que cria o medo. Por conseguinte, o medo é evidentemente o resultado do ato de nomear, de rotular, de projetar um símbolo para representar o fato; ou seja, o medo não é independente da palavra.

Tenho uma reação, digamos, em face da solidão; ou seja, digo que tenho medo de não ser nada. Tenho medo do fato em si ou esse medo é despertado porque tenho um conhecimento anterior do fato, conhecimento sendo a palavra, o símbolo, a imagem? Como se pode ter medo de um fato? Quando estou face a face com um fato, em comunhão direta com ele, posso olhar para ele, observá-lo; logo, não há medo do fato. O que causa medo é a minha apreensão quanto ao fato, quanto ao que o fato pode ser, ou causar.

Logo, é a minha opinião, a minha idéia, a minha experiência, o meu conhecimento sobre o fato que gera o medo. Enquanto há a verbalização do fato — o ato de dar um nome ao fato e, portanto, de identificá-lo ou condená-lo —, enquanto o pensamento está julgando o fato como um observador, é inevitável que haja medo. O pensamento é o produto do passado; ele só pode existir por meio da verbalização, dos símbolos, das imagens; e enquanto o pensamento está considerando ou traduzindo o fato, é inevitável que haja medo.

Assim, é a mente que cria o medo, sendo a mente o processo do pensamento. O pensamento é verbalização. Não se pode pensar sem palavras, sem símbolos, sem imagens; essas imagens, que são os preconceitos, o conhecimento anterior, as apreensões da mente, são projetadas no fato, e a partir disso surge o medo. Só há liberdade com relação ao medo quando a mente é capaz de observar o fato sem traduzi-lo, sem atribuir-lhe um nome, um rótulo. Isso é muito difícil, porque os sentimentos, as reações, as ansiedades que temos são prontamente identificados pela mente e por ela nomeados. O sentimento de ciúme é identificado por essa palavra que o designa. Ora, será possível não identificar um sentimento, não lhe dar um nome? É o nomear o sentimento que lhe dá continuidade, que lhe dá força. No momento em que dão um nome ao que chamam de medo, vocês o fortalecem, mas, se puderem contemplar esse sentimento sem dar-lhe um nome, vocês verão que ele desaparece. Logo, para nos libertarmos completamente do medo, é essencial compreender todo esse processo de designar por um termo, de projeção de símbolos, de imagens, de dar nomes aos fatos. Quer dizer, só pode haver liberdade com relação ao medo quando há autoconhecimento. O autoconhecimento é o começo da sabedoria, que é o fim do medo.

Questionador: Como posso me livrar de uma vez por todas do desejo sexual?
Krishnamurti: Por que queremos nos livrar de uma vez por todas de um desejo? Você o chama de desejo sexual, outro o chama de apego, de medo, etc. Por que queremos nos livrar de uma vez por todas de qualquer desejo? Porque esse desejo particular está nos perturbando, e não queremos ser perturbados. Esse é todo o nosso processo de pensamento, não é? Queremos viver encerrados em nós mesmos, sem nenhum distúrbio. Ou seja, queremos ser isolados, mas nada pode viver em isolamento. Em sua busca de Deus, a chamada pessoa religiosa busca na realidade o completo isolamento, no qual nunca se veja perturbada; mas quem assim procede não é de fato religioso. O verdadeiro religioso é o que compreende o relacionamento de modo integral e que, portanto, não tem problemas nem conflitos. Não que ele não seja perturbado; mas, como não procura a certeza, compreende o distúrbio e, em conseqüência, não há nele o processo de autoencerramento criado pelo desejo de segurança.

Ora, esse assunto exige grande grau de compreensão, porque estamos às voltas com a sensação, que é pensamento. Para a maioria das pessoas, o sexo tornou-se um problema extraordinariamente importante. Como as pessoas não são criativas e são medrosas, fechadas sobre si mesmas, limitadas em todas as outras direções, o sexo é a única coisa mediante a qual podem encontrar uma válvula de escape, o único ato do qual o eu fica momentaneamente ausente. No breve estado de abnegação em que o si mesmo, o "eu", com todos os seus problemas, confusões e preocupações, está ausente, há grande felicidade. Por meio do esquecimento de si mesmo há um sentimento de quietude, uma libertação, e, como nos falta criatividade no campo da religião, da economia e de todas as outras coisas, o sexo assume o caráter de um problema avassaladoramente importante. Na vida cotidiana somos meras fitas gravadas, repetindo frases que aprendemos; na religião somos autômatos, seguindo mecanicamente o padre; em termos econômicos e sociais vemo-nos presos, sufocados por influências ambientais. Haverá uma liberação para nós em alguma dessas áreas? É obvio que não; e onde não há libertação, é inevitável que haja frustração. Eis por que o ato sexual, no qual há libertação, se tornou para a maioria de nós um problema tão vital. E a sociedade encoraja e estimula isso por meio da publicidade, das revistas, do cinema e de tudo o mais.

Enquanto a mente, que é o resultado, o ponto focal da sensação, considerar o sexo um meio para a sua liberação, o sexo terá de ser um problema, e esse problema vai continuar enquanto formos incapazes de ser criativos de maneira abrangente e total, e não apenas numa direção particular. A criatividade nada tem que ver com a sensação. O sexo é da mente e a criação não o é. A criação nunca é um produto da mente, um produto do pensamento e, nesse sentido, o sexo, que é uma sensação, não pode ser criativo. Ele pode criar bebês, mas isso evidentemente não é criatividade. Enquanto a nossa libertação estiver na dependência da sensação, de qualquer espécie de estímulo, a frustração será inevitável, porque a mente se torna incapaz de perceber o que é a criatividade.

Este problema não pode ser resolvido por nenhuma disciplina, por nenhum tabu, por nenhum decreto ou sanção social. Ele só pode ser resolvido quando compreendemos todo o processo da mente, porque a mente é que é sexual. São as imagens, fantasias e representações mentais que a estimulam a ser sexual, e, como a mente é resultado da sensação, ela só pode se tornar cada vez mais presa ao sensível. Uma mente assim jamais pode ser criativa, pois criação não é sensação. É só quando a mente não busca nenhuma espécie de estímulo, interior ou exterior, que ela pode ficar completamente silenciosa, livre; e só nessa liberdade há criação. Tornamos o sexo uma coisa repulsiva por ser ele a única sensação privada que temos; todas as outras sensações são públicas, ostensivas. Mas enquanto usarmos a sensação, em qualquer de suas formas, como meio de libertação, apenas aumentaremos os problemas, a confusão e as dificuldades, porque a libertação nunca pode vir à existência por meio da busca de um resultado.

A pessoa que fez a pergunta quer fazer cessar de uma vez por todas o desejo sexual porque tem a idéia de que, quando o conseguir, ficará num estado em que todas as perturbações terão desaparecido; eis por que ela busca isso, por que se empenha em consegui-lo. O próprio esforço com vistas a isso a impede de ficar livre para compreender o processo da mente. Enquanto procurar apenas alcançar um estado permanente em que não tenha perturbações de nenhuma espécie, a mente estará fechada e, por isso, não poderá ser criativa. Só quando está livre do desejo de se tornar alguma coisa, de alcançar um resultado e, portanto, livre do medo, pode a mente alcançar um profundo estado de quietude. Só então torna-se possível essa criatividade que é realidade.

Questionador: Não sou amado e quero ser, porque, sem isso, a vida não tem sentido. Como posso tornar realidade esse anseio?

Krishnamurti: Espero que vocês não estejam apenas escutando palavras, porque, se assim for, elas não passam de mais uma distração, uma perda de tempo. Mas se vocês estão de fato sentindo as coisas que estamos discutindo, elas terão um significado extraordinário; porque, embora vocês possam acompanhar as palavras com a mente consciente, caso estejam sentindo o que está sendo dito, o inconsciente também participará. Se lhe for dada a oportunidade, o inconsciente vai revelar todo o seu conteúdo e, assim, proporcionará uma completa compreensão de nós mesmos. Por esse motivo, espero que vocês não estejam se limitando a ouvir uma palestra, mas sentindo de fato as coisas à medida que prosseguimos.

A pessoa que fez a pergunta quer saber como amar e ser amada. Não é esse o estado da maioria de nós? Todos queremos ser amados, bem como dar amor. Falamos muito a esse respeito. Todas as religiões, todos os pregadores referem-se a isso. Vamos, pois, descobrir o que designamos por amor.

O amor é sensação? O amor é uma coisa da mente? Vocês podem pensar no amor? Vocês podem pensar no objeto do amor, mas não no amor em si, não é? Posso pensar na pessoa a quem amo; posso ter uma foto, uma imagem dessa pessoa, e me recordar das sensações, evocar lembranças do nosso relacionamento. Mas o amor é sensação, lembranças? Quando digo "quero amar e ser amado", não é isso mero pensamento, uma reflexão da mente? O pensamento é amor? Pensamos que sim, não é verdade? Para nós, o amor é sensação. Eis por que temos fotos das pessoas a quem amamos; eis por que pensamos nelas, apegamo-nos a elas. Tudo isso é um processo de pensamento, não é?

Ora, o pensamento é frustrado em várias direções e por isso diz: "Encontro felicidade no amor e, por esse motivo, tenho de ter amor."

Eis por que nos apegamos à pessoa a quem amamos; eis por que a possuímos, psicológica e fisiologicamente. Criamos leis para proteger a posse do que amamos, seja uma pessoa, um piano, um imóvel, uma idéia, uma crença, porque, na posse — com todas as suas complicações de ciúme, medo, suspeita, ansiedade —, nos sentimos seguros. Por isso, transformamos o amor numa coisa da mente e enchemos o coração com as coisas da mente. Como o coração está vazio, a mente diz "tenho de ter esse amor", e tentamos nos realizar por meio da mulher, do marido. Através do amor, tentamos ser alguma coisa. Ou seja, o amor se torna uma coisa útil; nós o usamos como um meio para alcançar um fim.

Logo, fizemos do amor uma coisa da mente. A mente se transforma no instrumento do amor, e a mente é apenas sensação. O pensamento é a reação da memória à sensação. Sem o símbolo, sem a palavra, sem a imagem, não há memória, não há pensamento. Conhecemos a sensação do assim chamado amor, e nos apegamos a ela; quando isso não dá certo, queremos outra expressão da mesma sensação. Assim, quanto mais cultivamos a sensação, quanto mais cultivamos o chamado conhecimento — que não passa de memória —, tanto menos há amor.

Enquanto estivermos buscando o amor, haverá inevitavelmente um processo de auto-isolamento. Amor implica abertura, amor implica comunhão, e não pode haver nenhuma comunhão, nenhuma abertura enquanto existir o processo de auto-isolamento por parte do pensamento. O próprio processo do pensamento é medo, e como pode haver comunhão com o outro quando há medo, quando usamos o pensamento como recurso de mais estimulação?

Só pode haver amor quando se compreende todo o processo da mente. O amor não é da mente, e não se pode pensar no amor. Quando diz "quero amor", você está pensando no amor, você anseia por ele, o que é uma sensação, um meio para um fim. Logo, não é amor o que você quer, mas estimulação; você quer um meio através do qual possa sentir-se pleno, seja uma pessoa, um emprego, um determinado entusiasmo, e assim por diante. Isso por certo não é amor. Só pode haver amor quando o pensamento do eu está ausente, e a liberdade com relação ao eu reside no autoconhecimento. Com o autoconhecimento vem a compreensão, e quando o processo da mente é completa e plenamente revelado e compreendido, vocês vão saber o que é amar. E verão que o amor nada tem que ver com a sensação, que ele não é um meio de realização. Então, o amor existirá por si mesmo, sem ligação com nenhum resultado. O amor é um estado de ser do qual o "eu", com suas identificações, ansiedades e posses, está ausente. O amor não pode vir à existência enquanto as atividades do si mesmo, do "eu", conscientes ou inconscientes, continuarem a existir. É por isso que é importante compreender o processo do si mesmo, o centro de identificação que é o "eu".

Seattle, 6 de Agosto de 1950

Questionador: Como vencer a solidão?

Krishnamurti: E você pode vencer a solidão? Tudo o que você conquista tem de ser conquistado repetidas vezes, não é? O que você compreende chega ao fim, mas o que você conquista nunca chega ao fim. O processo de luta apenas alimenta e fortalece aquilo que se combate.

Ora, o que é essa solidão de que a maioria de nós se dá conta? Nós a conhecemos e fugimos dela, não é? Fugimos dela em todo gênero de atividades. Somos vazios, solitários, e temos medo disso, e por esse motivo tentamos encobri-lo por meio de algo — a meditação, a busca de Deus, as atividades sociais, o rádio, a bebida ou qualquer outra coisa. Faríamos qualquer coisa para não ter de encará-la, estar com ela, compreendê-la. A fuga é a mesma, quer a empreendamos através da idéia de Deus ou do consumo de bebidas. Enquanto se está fugindo da solidão, não há diferença essencial entre prestar culto a Deus e ser viciado em álcool. Socialmente pode haver uma diferença; mas, psicologicamente, o homem que foge de si mesmo, do seu próprio vazio, e cuja fuga é a busca de Deus, está no mesmo nível do alcoólatra.

O importante não é, pois, vencer a solidão, mas compreendê-la, e não a podemos compreender se não a encaramos, se não olhamos para ela diretamente, se ficamos fugindo continuamente dela. E toda a nossa vida é um processo de fuga da solidão, não é? No relacionamento, usamos o outro para encobrir a solidão; nossa busca de conhecimento, nosso acúmulo de experiência, tudo o que fazemos, é uma distração, uma fuga desse vazio. Portanto, evidentemente, é preciso pôr fim a essas distrações e fugas. Se queremos compreender algo, temos de dedicar-lhe total atenção. E como podemos dedicar total atenção à solidão se a tememos, se fugimos dela por meio de alguma distração? Logo, quando queremos compreender a solidão, quando a nossa intenção é a de mergulhar total e completamente nela, porque percebemos que não pode haver criatividade enquanto não compreendermos essa insuficiência interior que é a causa fundamental do medo — quando chegamos a esse ponto, cessa toda forma de distração, não é verdade? Muitos riem da solidão, dizendo: "Ora, isso é só para os burgueses; pelo amor de Deus, ocupe-se com alguma coisa e esqueça." Mas o vazio não pode ser esquecido, não pode ser deixado de lado.

Assim, para se compreender de fato essa coisa fundamental a que damos o nome de solidão, todas as fugas devem cessar; mas a fuga não cessa por intermédio da preocupação, da busca de um resultado ou de alguma ação do desejo. É preciso ver que, se não compreendemos a solidão, toda forma de ação é uma distração, uma fuga, um processo de auto-isolamento que apenas gera mais conflito, mais angústia. Dar-se conta desse fato é essencial, porque só assim podemos encarar a solidão.

Então, se formos ainda mais longe, surge o problema de saber se o que chamamos de solidão é uma realidade ou apenas uma palavra. A solidão é uma realidade ou não passa de uma palavra que encobre algo que pode não ser o que pensamos dela? Não é a solidão um pensamento, resultado do pensar? Ou seja, o pensamento é verbalização baseada na memória; e não estaremos nós, com essa verbalização, com esse pensamento, com essa lembrança, olhando o estado que caracterizamos como de *solidão?* Logo, o simples fato de atribuir um nome a esse estado pode ser a causa do medo que nos impede de observá-lo mais de perto; e se não lhe dermos um nome, que é fabricado pela mente, será esse um estado de solidão?

Claro que há uma diferença entre solidão e estar só. A solidão é o estado último do processo de auto-isolamento. Quanto mais consciente de si, tanto mais isolado você é, e a autoconsciência é o processo de isolamento. Mas o estar só não é estar isolado. O estar só existe apenas quando a solidão desaparece. O estar só é um estado em que todas as influências cessaram por inteiro, tanto as que vêm de fora como a influência interior da memória; e só quando a mente se acha nessa condição de estar sozinha pode ela conhecer o incorruptível. Para chegar a isso, contudo, temos de compreender a solidão, esse processo de isolamento que é o eu e a sua atividade. Assim sendo, a compreensão do eu é o começo do fim do isolamento e, portanto, da solidão.

Madras, 3 de Fevereiro de 1952

Questionador: Como pode o homem realizar-se se não tiver ideais?

Krishnamurti: Existirá a realização, embora a maioria de nós a busque? Sabemos que tentamos nos realizar por meio da família, do filho, do irmão, da mulher, da propriedade, da identificação com um país ou com um grupo, bem como por meio da busca de um ideal ou do desejo de continuidade do "eu". Há diferentes formas de realização em diferentes níveis de consciência.

Existirá a realização? Qual a coisa que traz realização? Qual a entidade que se busca ser, numa certa identificação ou por meio dela? Quando vocês pensam em realização? Quando estão buscando realização?

Se vocês estiverem tratando o que dizemos no nível verbal, vão-se embora; é uma perda de tempo. Mas se querem mergulhar profundamente, então busquem, fiquem alertas e acompanhem, porque precisamos de inteligência e não da repetição inerte de frases, palavras e exemplos de que estamos saturados. Precisamos de criação, criação integrada, inteligente; o que significa que vocês devem chegar às coisas mediante a sua própria compreensão do processo da mente. Assim, enquanto ouvem o que digo, relacionem-no diretamente consigo, pensem bem naquilo que estou falando. E vocês não podem fazer isso por meio das minhas palavras. Vocês só o poderão fazer quando forem capazes, quando forem sinceros, quando observarem o seu próprio pensar, o seu próprio sentir.

Quando se deve realizar o desejo? Quando vocês ficam conscientes dessa necessidade de ser, de vir a ser, de realizar? Observem-se a si mesmos, por favor, Quando vocês têm consciência disso? Vocês não têm consciência dessa necessidade quando a frustram? Não têm consciência disso quando sentem uma extraordinária solidão, quando têm uma sensação de nulidade inexaurível, de não ser coisa alguma? Vocês só têm consciência dessa premência de realização quando sentem um vazio, uma solidão. E então buscam realizar-se das mais diversas maneiras, por meio do sexo, da relação com a propriedade, com as árvores, com todas as coisas, em diferentes camadas da consciência. O desejo de ser, de identificar-se, de realizar-se, só existe quando há consciência de que o "eu" está vazio, solitário. O desejo de realização é uma fuga daquilo a que damos o nome de solidão. Logo, nosso problema não é o de nos realizarmos ou o de saber o que é realização, pois não existe realização. O "eu" nunca pode realizar-se; ele é sempre vazio. Vocês podem ter algumas sensações quando estão alcançando um resultado, mas no momento em que as sensações se dissipam vocês retornam ao estado de esvaziamento. E começam a proceder nos mesmos moldes anteriores.

Logo, o "eu" é o criador desse vazio. O "eu" é o vazio; é um processo de auto-isolamento em que temos consciência dessa abissal solidão. Assim, tendo consciência disso, estamos tentando fugir mediante inúmeras formas de identificação. E chamamos essas identificações de realização. Na realidade, não há realização, porque a mente, o "eu", jamais pode realizar-se; é da natureza do "eu" isolar-se em si mesmo.

E o que deve fazer a mente que tem consciência desse vazio? É esse o problema de vocês, não é? Para a maioria de nós, essa dor do vazio é extraordinariamente intensa. Fazemos qualquer coisa para escapar dela. Qualquer ilusão é suficiente e essa é a fonte da ilusão. A mente tem o poder de criar ilusão. E enquanto não compreendermos essa solidão, esse estado de vazio que se isola em si mesmo, poderemos fazer o que quisermos, procurar a realização que nos aprouver, mas sempre haverá essa barreira que separa, que não conhece completude.

Logo, a nossa dificuldade consiste em tomar consciência desse vazio, dessa solidão. Nunca a encaramos de frente. Não sabemos qual a sua aparência, quais as suas qualidades, porque estamos sempre fugindo dela, recuando, isolando-nos, identificando-nos. Nunca a olhamos diretamente na face, nunca estamos em comunhão com ela. Somos o observador e o observado: isto é, a mente, o "eu", observa esse vazio, e o "eu", o pensador, procura então libertar-se desse vazio ou fugir dele.

Assim, esse vazio, essa solidão, é diferente do observador? Não será o próprio observador vazio? Porque, se o observador não fosse capaz de reconhecer esse estado a que dá o nome de solidão, não haveria experiência. Ele é vazio, ele não pode agir sobre esse estado, ele nada pode fazer com relação à solidão. Porque, se fizer o que quer que seja, ele se tornará o observador agindo sobre o observado, o que é um falso relacionamento.

Portanto, quando a mente reconhece, percebe, tem consciência de que é vazia e de que não pode agir sobre esse vazio de que temos consciência a partir do exterior, o vazio assume um sentido diferente. Até agora, nós o abordamos como o observador. Agora, o próprio observador é vazio, sozinho, é solitário. Pode ele fazer algo quanto a isso? É obvio que não. Então, seu relacionamento com o vazio é totalmente diferente do relacionamento do observador. Ele tem esse estar só. Ele se acha no estado em que não há a verbalização "eu estou vazio". No momento em que o verbaliza ou externaliza, ele é diferente do vazio. Assim, quando cessa a verbalização, quando o vivenciador cessa de vivenciar a solidão, quando cessa de fugir, ele fica inteiramente só. Seu relacionamento é em si mesmo solidão; ele mesmo é isso; e, quando se dá plena conta disso, certamente esse vazio, essa solidão, deixa de existir.

Solidão é inteiramente diferente de estar só. Deve-se transformar essa solidão em estar só. A solidão não é comparável com o estar só. O homem que conhece a solidão não pode conhecer aquele que é só. Vocês estão nessa condição de estar sós? A nossa mente não é integrada para ficar só. O próprio processo da mente é separativo. E aquilo que separa conhece a solidão.

Mas o estar só não é separativo. É algo que não é a multiplicidade, não sofre a influência da multiplicidade nem resulta dela, que não é composto, como a mente; a mente é da multiplicidade. A mente não é uma entidade sozinha, tendo sido construída, composta, manufaturada, ao longo de séculos. A mente não pode ser sozinha. A mente não pode conhecer o estar só. Mas se vocês têm consciência da solidão enquanto passam por ela, vem à existência esse estar só. Só então pode existir aquilo que é imensurável.

Por infelicidade, a maioria de nós busca a dependência. Queremos companheiros, queremos amigos; queremos viver num estado de separação, num estado que gera conflito. Aquele que é sozinho jamais pode encontrar-se num estado de conflito. Mas a mente não pode perceber isso, não é capaz de entendê-lo; ela só pode conhecer a solidão.

Questionador: O senhor disse que a verdade só pode vir no momento em que se é capaz de ser só e de amar o sofrimento. Isso não ficou claro. Tenha a gentileza de explicar o que quer dizer com ser só e amar o sofrimento.

Krishnamurti: A maioria de nós não está em comunhão com coisa alguma. Não estamos em comunhão direta com os nossos amigos, com a nossa mulher, com os nossos filhos. Não estamos em comunhão direta com coisa alguma. Sempre há barreiras — mentais, imaginárias e reais. E essa separatividade é, evidentemente, a causa do sofrimento. Não digam "Sim, lemos isso, sabemos disso verbalmente". Se forem capazes de vivenciar isso de modo direto, vocês verão que o sofrimento não pode chegar ao fim por meio de nenhum processo mental. Vocês podem explicá-lo, tendo a impressão de que o afastaram de si, mas ele continuará presente, ainda que vocês o possam encobrir.

Assim, para compreender o sofrimento, vocês certamente precisam amá-lo. Quer dizer, têm de estar em comunhão direta com ele. Para compreender algo completamente — seu vizinho, sua mulher ou qualquer relacionamento —, vocês têm de ficar perto dele. Têm de se aproximar dele sem nenhuma objeção, preconceito, condenação ou repulsa; têm de encará-lo. Para compreendê-los, tenho de estar livre de preconceitos com relação a vocês. Tenho de ser capaz de olhar para vocês sem barreiras, sem as telas dos meus preconceitos e condicionamentos. Tenho de estar em comunhão com vocês, o que significa que tenho de amá-los. Do mesmo modo, para compreender o sofrimento, tenho de amá-lo, tenho de estar em comunhão com ele. Não posso fazê-lo porque estou fugindo dele por meio de explicações, de teorias, de esperanças, adiamentos, que são, todos, o processo de verbalização. Logo, as palavras me impedem de estar em comunhão com o sofrimento. As palavras me impedem — palavras de explicação, racionalizações, que ainda são palavras, que são o processo mental — de estar em comunhão direta com o sofrimento. Só quando estou em comunhão com o sofrimento sou capaz de entendê-lo.

O passo seguinte é: será que eu, o observador do sofrimento, sou diferente dele? Será que eu, o pensador, o que sente o sofrimento, sou diferente do sofrimento? Eu o externalizei a fim de fazer alguma coisa em relação a ele, a fim de evitá-lo, de conquistá-lo, de fugir dele. Sou diferente daquilo a que dou o nome de sofrimento? Claro que não. Logo, eu sou o sofrimento — não é que haja o sofrimento e que eu seja diferente dele; eu sou o sofrimento. Só então há a possibilidade de acabar com ele.

Enquanto eu for o observador do sofrimento, ele não terá fim. Mas quando se percebe que o sofrimento é o "eu", que o próprio observador é sofrimento; quando a mente se dá conta de que ela mesma é o sofrimento — não quando ela observa o sofrimento, nem quando o sente —, que ela mesma cria e sente o sofrimento, este chega ao fim. Eis algo extraordinariamente difícil de vivenciar, algo de que ter consciência, porque durante séculos temos separados as coisas. Fazer isso requer, não o pensamento tradicional, mas uma atenção alerta, vigilante, inteligente. Esse estado inteligente, integrado, é o estar só. Quando o observador é o observado, encontramo-nos no estado integrado. E nesse estar só, nessa condição em que se está completamente sozinho, pleno, quando a mente não está buscando coisa alguma, nem tateando, não está procurando recompensas nem evitando punições, quando a mente está verdadeiramente imóvel, só então aquilo que não é medido pela mente vem à existência.

Solidão: Extraído de Commentaries on Living First Series*

Seu filho morrera há pouco tempo, e ela disse que não sabia o que fazer agora. Tinha tanto tempo em suas mãos, estava tão chateada, aborrecida e triste que estava disposta a morrer. Ela o criara com inteligência e amorosa atenção, e ele tinha freqüentado as melhores escolas e a faculdade. Ela não o estragara, muito embora ele tivesse todo o necessário. Ela depositara nele sua fé e suas esperanças e lhe dera todo o seu amor; pois não havia com quem dividi-lo, já que ela e o marido tinha se separado havia muito tempo. Seu filho morrera por causa de um diagnóstico errado e de uma operação — embora, acrescentou ela, com um sorriso, os médicos tivessem dito que a operação tinha sido "bem-sucedida". Agora ela estava sozinha e a vida parecia muito vã e sem sentido. Ela chorara quando de sua morte até que já não houvesse lágrimas, mas apenas um vazio tedioso e cansativo. Ela tivera muitos planos para os dois, porém agora sentia-se totalmente perdida.

Vinha do mar uma brisa fria e refrescante, e sob a árvore tudo estava calmo. As montanhas tinham cores vívidas e os gaios azuis não paravam de tagarelar. Uma vaca passou perto dali, seguida por um bezerro, e um esquilo subiu rapidamente numa árvore, emitindo seus gritinhos. Ele se sentou num galho e começou a ralhar, e ficou fazendo isso por bastante tempo, com a cauda subindo e descendo. Tinha

* Publicado pela Editora Cultrix sob o título *Comentários sobre a vida.*

olhos resplandecentes e presas afiadas. Um lagarto saiu da toca para se aquecer e apanhou uma mosca. A copa das árvores balançava delicadamente e uma árvore morta mostrava-se ereta e esplêndida contra o céu. Ela tinha sido descolorida pelo sol. Havia outra árvore morta ao seu lado, escura e encurvada, cuja decadência era mais recente. Umas poucas nuvens circundavam as montanhas ao longe.

Que coisa estranha é a solidão, e como é assustadora! Nunca nos permitimos chegar perto demais dela; e se por acaso o fazemos, apressamo-nos a fugir. Fazemos tudo para escapar à solidão, para encobri-la. Nossa preocupação consciente e inconsciente parece ser a de evitá-la ou superá-la. Evitar e superar a solidão são atitudes igualmente fúteis; embora suprimida ou deixada de lado, a dor, o problema, ainda está presente. Você pode se ver perdido na multidão e ainda assim sentir-se solitário ao extremo; pode manter-se intensamente ativo, mas a solidão, em silêncio, se apossa de você; ponha o livro sobre a mesa e ei-la à sua frente. As diversões e a bebida não podem afogar a solidão; você pode fugir temporariamente dela, mas quando os risos e os efeitos do álcool acabarem, o medo da solidão vai retornar. Você pode ser ambicioso e bem-sucedido, pode ter vasto poder sobre os outros, pode ser rico em conhecimentos, dedicar-se ao culto e esquecer-se de si mesmo no palavrório dos rituais; porém, faça o que fizer, a dor da solidão permanece. Você pode viver só para o seu filho, para o Mestre, para a expressão do seu talento; e mesmo assim, tal como as trevas, a solidão o cobrirá. Você pode amar ou odiar, fugir dela de acordo com seu temperamento e exigências psicológicas; mas a solidão está sempre presente, esperando e observando, afastando-se somente para voltar a se aproximar.

A solidão é a consciência do completo isolamento; e não é verdade que as nossas atividades se encerram em si mesmas? Embora expansivos, nossos pensamentos e emoções não são excludentes e divisivos? Não estamos procurando o domínio nos nossos relacionamentos, em nossos direitos e posses, criando assim resistência? Não consideramos o trabalho "seu" e "meu"? Não nos identificamos com o coletivo, com o país ou com os poucos? Toda a nossa tendência não é a de nos isolar, dividir, separar? A própria atividade do eu, em todos os níveis, caminha para o isolamento; e a solidão é a consciência do eu sem atividade. A atividade, seja física ou psicológica, se torna um meio de auto-expansão; e quando não há nenhum tipo de atividade, há uma consciência do vazio do eu. E é esse vazio que procuramos preencher, e preenchendo-o passamos a vida, num nível nobre ou ignóbil. Pode não haver nenhum dano sociológico em preencher esse vazio num nível nobre; mas a ilusão gera uma angústia e uma destruição insuspeitas, que podem não ser imediatas. O anseio de preencher esse vazio — de fugir dele, o que é a mesma coisa — não pode ser sublimado nem suprimido; pois quem é a entidade que vai sublimá-lo ou suprimi-lo? Não será essa mesma entidade outra forma de anseio? Os objetos do anseio podem variar, mas não será todo anseio semelhante? Você pode alterar o objeto do seu anseio, deixando a bebida e passando à ideação; contudo, sem a compreensão do processo do anseio, a ilusão é inevitável.

Não há uma entidade distinta do anseio; há apenas o anseio, não existe ninguém que anseie. O anseio assume diferentes máscaras em diferentes momentos, a depender dos seus interesses. A memória desses variados interesses encontra o novo, o que gera conflito, e assim nasce o sujeito que o escolhe, estabelecendo-se como entidade separada e distinta do anseio. Mas a entidade não se distingue de suas qualidades. A entidade que tenta preencher o vazio, a incompletude, a solidão, ou deles fugir, não é diferente daquilo que está evitando; ela é isso. Essa entidade não pode fugir de si mesma; tudo o que pode fazer é compreender-se a si mesma. Ela é sua solidão, seu vazio; e, enquanto os julgar algo separado de si mesma, estará na ilusão e no conflito interminável. Quando essa entidade vivencia diretamente o fato de ser a sua própria solidão, só então pode haver liberdade em relação ao medo. O medo só existe em relação a uma idéia, e a idéia é a resposta da memória como pensamento. O pensamento é o resultado da experiência; e embora possa ponderar sobre o vazio, ter sensações com ele vinculadas, o pensamento não pode conhecer diretamente a solidão. A palavra *solidão*, com suas lembranças de dor e de medo, impede que a vivenciemos como algo novo. A palavra é memória, e quando a palavra deixa de ter importância, o relacionamento entre quem vivencia e aquilo que é vivenciado assume um caráter inteiramente diferente; nesse caso, o relacionamento é direto e não mediado por uma palavra, pela lembrança; nessa circunstância, aquele que vivencia é a vivência — e isso é a única coisa que traz a liberdade em relação ao medo.

O amor e a solidão não podem habitar a mesma casa; quando há sensação de solidão, o amor não está presente. Você pode ocultar a solidão sob a palavra *amor*, mas quando o objeto do seu amor já não está com você ou não responde, você toma consciência do vazio, fica frustrado. Usamos a palavra *amor* como forma de fugir de nós mesmos, da nossa própria insuficiência. Apegamo-nos à pessoa a quem amamos, ficamos com ciúme, sentimos a sua falta quando ela não está presente e sentimo-nos totalmente perdidos quando ela morre; e então, buscamos conforto em alguma outra forma, em alguma crença, em algum sucedâneo. Será que tudo isso é amor? O amor não é uma idéia, resultado da associação; o amor não é algo a ser usado como fuga da nossa própria desgraça — e quando o usamos desse modo, criamos problemas insolúveis. O amor não é uma abstração, mas a sua realidade só pode ser vivenciada quando a idéia, a mente, não é mais o fator supremo.

Diálogo com o Professor Maurice Wilkins, Brockwood Park, 12 de Fevereiro de 1982

Maurice Wilkins:[2] Parece-me que o pensamento é parte de um relacionamento criativo, mas é apenas um componente da coisa toda.

Krishnamurti: Sim, mas o pensamento é amor?

MW: Não, não é, mas eu fico pensando um pouco se o pensamento não tem alguma participação no amor. Quero dizer, ele está fadado a isso, em certa medida.

K: Não. Eu fico pensando se o amor é pensamento.

MW: Não, é claro que não.

K: Então é possível amar outra pessoa sem o pensamento? Amar alguém significa não pensar; isso gera um relacionamento totalmente diferente, uma ação diferente.

MW: Sim. Bem, creio que pode haver bastante pensamento num relacionamento amoroso, mas o pensamento não é primordial.

K: Não, quando há amor, o pensamento pode ser usado, mas não ao contrário.

MW: Sim, não ao contrário. O problema básico é que tende a ser ao contrário. Assemelhamo-nos a computadores que estejam sendo operados pelos nossos programas. Por um minuto estive tentando transpor para o relacionamento o que o senhor estava dizendo acerca da possibilidade de o pensamento cessar, e fiquei imaginando que tipo de relacionamento pode existir sem o pensamento.

---

[2] Professor Maurice Wilkins, da Universidade de Londres. O professor Wilkins é ganhador do Prêmio Nobel de Biologia.

K: Apenas observe o que acontece sem o pensamento. Tenho um relacionamento com meu irmão ou com minha mulher, e esse relacionamento não se baseia no pensamento, mas, essencialmente, no fundo, no amor. Nesse amor, nesse estranho sentimento, por que eu deveria pensar? O amor é abrangente; mas quando entra em cena o pensamento, ele causa discordância e destrói a qualidade, a beleza do amor.

MW: Mas o amor é abrangente? Não é ele mais redundante do que abrangente, visto que ele por certo não pode se expressar de maneira adequada sem o pensamento?

K: Abrangente no sentido de integral. Quero dizer, o amor não é o oposto do ódio.

MW: É o que eu acho.

K: Assim, em si mesmo, não há nele nenhum sentimento de dualidade.

MW: Suponho que o amor seja mais uma qualidade do relacionamento, e uma qualidade de ser que o impregna.

K: Sim. Quando o pensamento entra em cena, lembro-me de todas as coisas que ela faz, ou que eu fiz; todos os percalços, todas as ansiedades se manifestam. Uma das nossas grandes dificuldades decorre do fato de não termos compreendido nem sentido de fato esse amor que não é possessividade, que não é apego, que não é ciúme nem ódio nem nada dessas coisas.

MW: Não será o amor em larga medida a consciência da unidade?

K: É melhor dizer que o amor tem consciência; ele é amor. Não é que o amor tenha consciência de que somos todos um. Ele é como um perfume. Não se pode dissecar o perfume, nem analisá-lo. É um perfume maravilhoso; e, no momento em que o analisa, o senhor o dissipa.

MW: Sim, se o senhor diz que é um perfume, então o amor se assemelha de certo modo a uma qualidade. Mas a qualidade é associada com esse sentido de unidade, não?

K: Mas o senhor está lhe atribuindo um sentido.

MW: Estou contornando-o, falando sobre o que o rodeia! Não estou tentando pregá-lo num mostruário. Mas pode haver amor sem nenhuma consciência dessa unidade?

K: Ele é muito mais do que isso.

MW: Está bem, é mais do que isso. Mas pode ele existir sem que esse sentido de unidade esteja presente?

K: Espere um pouco. Posso ser católico e dizer que amo, que tenho compaixão? Pode haver compaixão, amor, quando há essa crença, essa idéia, esse preconceito profundamente arraigado? O amor tem de existir com liberdade. Não a liberdade de fazer o que eu quiser — isso é absurdo; a liberdade de escolha, etc., não tem nenhum valor naquilo de que estamos falando —, mas tem de haver total liberdade para amar.

MW: Sim, porém o católico poderia ter muito amor, embora haja limites para ele em certas situações.

K: Sim, naturalmente.

MW: Mas é como perguntar se se pode ter um ovo apenas parcialmente ruim! Esse sentido de unidade é parte da coisa toda, não é?

K: Se temos amor, há unidade.

MW: Sim, claro, não pode ser de outro modo. Concordo com o senhor que ter um sentido de unidade não faz surgir o amor.

K: Veja bem, todas as religiões e todas as pessoas de mentalidade religiosa sempre vincularam o amor com a devoção a um objeto particular ou a uma idéia específica, um símbolo; não se trata do amor sem nenhum obstáculo. Eis a questão, meu caro. Pode o amor existir quando há o eu? Claro que não.

MW: Mas se o senhor diz que o eu é uma imagem fixa, o amor não pode existir com nenhuma coisa fixa, porque ele não tem limites.

K: Exatamente, senhor.

MW: Mas parece-me que no relacionamento do diálogo e do movimento entre duas mentes sem o sentimento de limite — e necessariamente fora do tempo, porque o tempo estaria impondo um limite —, alguma coisa nova pode surgir.

K: Ah! Mas será que duas mentes podem se encontrar? Não são elas comparáveis a dois trilhos de estrada de ferro, que nunca se encontram? Será que nosso relacionamento mútuo enquanto seres humanos, mulher e marido e assim por diante, não é sempre paralelo, cada qual caminhando em seu próprio trilho e nunca encontrando-se de fato com o outro no sentido de ter um verdadeiro amor pelo outro, ou mesmo no sentido do amor sem um objeto?

MW: Bem, na prática, há sempre algum grau de separação.

K: Sim, isso é tudo o que estou dizendo.
MW: Se o relacionamento puder ocorrer num nível diferente, não haverá mais trilhos separados por um espaço.
K: Claro, mas chegar a esse nível parece quase impossível. Sou apegado à minha mulher, digo-lhe que a amo, e ela é apegada a mim. Isso é amor? Eu a possuo, ela me possui ou ela gosta de ser possuída, e assim por diante — todas as complicações do relacionamento. Mas eu lhe digo, ou ela me diz "eu te amo", e isso parece nos satisfazer. Eu pergunto se há nisso algo de amor.
MW: Bem, isso deixa as pessoas tranqüilas por algum tempo.
K: E sentir-se tranqüilo é amor?
MW: É uma coisa limitada; e quando um parceiro morre, o outro fica desesperado.
K: Sim, com solidão, lágrimas, sofrimento. Realmente, temos de conversar sobre isso. Conheci um homem para quem o dinheiro era Deus. Ele tinha muito dinheiro e, quando estava à morte, quis ver tudo quanto possuía. As coisas que ele possuía eram ele; ele estava morrendo para essas coisas exteriormente, mas as posses materiais eram ele. E ele estava assustado, não com a situação de chegar ao fim, mas por perder aquilo tudo. O senhor compreende? Perder aquilo tudo, não perder-se a si mesmo e encontrar algo novo.
MW: Posso fazer uma pergunta sobre a morte? Que dizer de um homem que está à morte e quer ver todas as pessoas que conheceu, todos os seus amigos, antes de morrer? Isso é apego a esses relacionamentos?
K: Sim, é apego. Ele está moribundo e a morte é bastante solitária, é um clube muito restrito, uma ação excludente. Nesse estado, eu quero ver minha mulher, meus filhos, meus netos, porque sei que vou perdê-los a todos; vou morrer, chegar ao fim. É uma coisa terrificante. Um dia desses vi um homem morrendo. Saiba que eu nunca tinha visto tanto medo, tal medo absoluto de chegar ao fim. Ele disse: "Estou assustado com a separação da minha família, do dinheiro que tenho, das coisas que fiz. Esta é a minha família. Eu os amo e estou extremamente assustado por perdê-los."
MW: Mas suponho que o homem possa querer ver todos os seus amigos e sua família para dizer...
K: "Adeus, meu velho, encontramo-nos do outro lado!" Isso é outra coisa.

MW: Talvez.
K: Conheci um homem, senhor, que disse à família: "Em janeiro do ano que vem vou morrer no dia tal." E, nesse dia, ele convidou todos os amigos e a família. E disse: "Estou morrendo hoje", e fez o testamento. "Deixem-me, por favor." Todos saíram do quarto, e ele morreu!
MW: Sim, bem, se os relacionamentos com todas essas pessoas eram importantes para ele e ele ia morrer, o homem simplesmente gostaria de vê-los pela última vez, e agora acabou. "Acabou, vou morrer." Não era apego.
K: Não, claro que não. A conseqüência do apego é dolorosa, cheia de ansiedade; há uma certa sensação de agonia, de perda.
MW: De constante insegurança, de medo.
K: A insegurança e tudo o mais vêm disso. E a isso damos o nome de amor! Eu digo que amo a minha mulher e, bem lá no fundo, tenho conhecimento de toda a angústia desse apego, mas não consigo me desapegar.
MW: Mas o senhor ainda fica aflito por saber que sua mulher ficará triste quando o senhor morrer.
K: Ah, sim, faz parte do jogo, parte da coisa toda. Ela logo supera isso e se casa com outro, e dá seguimento ao jogo.
MW: Sim, é o que se espera; mas podemos ficar preocupados e temerosos com a tristeza de outras pessoas.
K: Sem dúvida.
MW: Presume-se que a aceitação da própria morte minore a tristeza dessas pessoas.
K: Não. A tristeza está vinculada ao medo? Tenho medo da morte, tenho medo de chegar ao fim da minha carreira; todas as coisas que acumulei física e interiormente chegam ao fim. O medo então inventa a reencarnação e todas essas coisas. Posso de fato me livrar do medo da morte? O que significa: posso viver com a morte? Não que eu cometa suicídio; vivo com ela, encantado com o fim das coisas, o fim do meu apego. Será que minha mulher agüentaria se eu dissesse "Acabei com o meu apego a você"? Haveria agonia. estou questionando todo esse conteúdo de consciência trazido pelo pensamento. O pensamento domina a nossa vida, e eu pergunto a mim mesmo se o pensamento pode ter o seu lugar próprio, e apenas

esse lugar, não interferindo em nenhum outro plano. Por que é preciso haver pensamento no meu relacionamento com o meu amigo, ou com a minha mulher ou com a minha filha? Por que é preciso pensar nisso? Alguém dizer "Estou pensando em você" parece uma tolice.

MW: Bem, com efeito, muitas vezes se tem de pensar em outras pessoas por razões práticas.

K: Isso é outra coisa. Mas estou dizendo: onde existe o amor, por que deve existir o pensamento? O pensamento no relacionamento é destrutivo. É apego, é posse, é depender do outro para se sentir tranqüilo, seguro, protegido; e essas coisas todas não são amor.

MW: Não, mas como o senhor disse, o amor pode usar o pensamento, e há o que o senhor chama de reflexão no relacionamento.

K: Sim, essa é uma outra questão. Veja bem: se sou apegado à minha mulher, ao meu marido ou a um móvel, amo nesse apego, e as conseqüências disso são incalculavelmente danosas. Posso amar minha mulher sem apego? Como é maravilhoso amar uma pessoa sem nada querer dela!

MW: É uma grande liberdade.

K: Sim, senhor. Logo, o amor é liberdade.

MW: Mas o senhor parece supor que, se houver amor entre marido e mulher, e um deles morrer, o outro ficará triste. Creio que isso talvez esteja certo.

K: Penso que sim. Está certo, senhor.

MW: A pessoa transcenderia o sofrimento.

K: O sofrimento é pensamento, é uma emoção; o sofrimento é um choque, é um sentimento de perda, a sensação de perder alguém e de súbito se achar profundamente desolado e solitário.

MW: Sim. O senhor afirma que um estado de solidão é contrário à natureza, por assim dizer.

K: Portanto, se eu pudesse compreender a natureza do fim — ficar o tempo inteiro fazendo algo chegar ao fim: acabar com a minha ambição, acabar com o sofrimento, acabar com o medo, acabar com a complexidade do desejo! Acabar; o que é a morte. É necessário morrer todos os dias para tudo o que se reuniu psicologicamente.

MW: E todos concordam que a morte é liberdade.

K: É a verdadeira liberdade.

MW: Não há dificuldade em perceber isso. O senhor quer dizer que quer transferir essa liberdade última para todos os aspectos da vida.
K: Sim, senhor. Do contrário, somos escravos, escravos da escolha, escravos de tudo.
MW: Não senhores do tempo, mas escravos do tempo.
K: Sim, escravos do tempo.

Nova York, 24 de Abril de 1971: Extraído de The Awakening of Intelligence

Temos de considerar o nosso relacionamento tal como é agora, todos os dias; e, observando o que ele é, descobriremos como transformar essa realidade. Assim, estamos descrevendo as coisas tais como efetivamente são. Cada um vive em seu próprio mundo, em seu mundo pessoal de ambição, de cobiça, de medo, de desejo de sucesso e assim por diante. Se sou casado, tenho responsabilidades, filhos; vou ao escritório ou a algum outro lugar de trabalho; marido e mulher, rapaz e moça, se encontram na cama. E a isto damos o nome de amor — levar vidas separadas, ser isolados, construir uma parede de resistência ao nosso redor, levando avante uma atividade que gira em torno de nós mesmos. Cada qual procura segurança psicologicamente; cada qual depende do outro para se sentir confortado, para ter prazer, para ter companhia. Como somos todos profundamente solitários, cada um exige que o amem, que o valorizem; cada um está tentando dominar o outro. Vocês mesmos podem perceber isso se se observarem. Há na vida de vocês algum tipo de relacionamento, qualquer que seja? Não há relacionamento entre dois seres humanos; embora possam ter filhos, um lar, na realidade os dois não estão relacionados entre si. Se têm um projeto comum, esse projeto os sustenta, os mantêm juntos, mas isso não é relacionamento.

Dando-se conta disso, a pessoa percebe que, se não há relacionamento entre dois seres humanos, começa a corrupção, não na estrutura externa da sociedade, no fenômeno externo da poluição, mas na poluição interior, a destruição. Os seres humanos na realidade não têm nenhum relacionamento — como é o caso de vocês. Vocês podem segurar a mão um do outro, beijar-se, dormir juntos; mas na realidade, quando observam tudo isso bem de perto, haverá aí algum relacionamento? Estar relacionado significa não depender do outro, não tentar escapar da própria solidão por meio do outro, não tentar encontrar conforto, companhia, por intermédio do outro. Quando vocês procuram o conforto por meio do outro, quando são dependentes, etc., pode haver algum tipo de relacionamento? Não estarão vocês, nesse caso, usando-se mutuamente?

Não estamos sendo pessimistas, mas observando a realidade tal como é; isso não é pessimismo. Para descobrir o que de fato significa estar relacionado com o outro, é necessário compreender a questão da solidão, porque a maioria de nós é terrivelmente solitária; quanto mais envelhecemos, tanto mais solitários ficamos, principalmente neste país [os Estados Unidos]. Vocês já observaram como são os mais velhos? Já se deram conta de suas fugas, de suas diversões? Eles trabalharam a vida inteira e querem fugir para alguma espécie de entretenimento.

Vendo isso, será possível encontrar uma maneira de viver na qual não usemos o outro psicológica nem emocionalmente, não dependamos do outro, não o façamos de válvula de escape das nossas próprias torturas, dos nossos próprios desesperos, da nossa própria solidão?

Compreender isso equivale a compreender o que significa ser solitário. Vocês já ficaram solitários? Sabem o que isso quer dizer? Quer dizer que vocês não têm relação com o outro, estão completamente isolados. Podem estar com a família, no meio da multidão, no escritório, em qualquer lugar, quando essa sensação de profunda solidão, com o desespero que a acompanha, de súbito desaba sobre vocês. Até resolverem isso por completo, seus relacionamentos assumem o caráter de um meio de fuga, levando, por conseguinte, à corrupção, à angústia. Como proceder para compreender essa solidão, essa sensação de total isolamento? Para compreendê-la, temos de examinar a nossa própria vida. Não é verdade que todas as suas ações são atividades que giram em torno de vocês mesmos? Vocês podem de vez em quando ser caridosos, generosos, fazer algo sem interesse próprio — trata-se de ocasiões raras. Esse desespero jamais pode ser dissolvido por meio de uma fuga, mas apenas mediante a sua observação.

Logo, voltamos à questão de como nos observarmos a nós mesmos de modo que não haja nenhum conflito nessa observação. Porque o conflito é corrupção, perda de energia; é a batalha da nossa vida do momento em que nascemos até a hora da morte. Será possível viver sem um único instante de conflito? Para fazê-lo, para descobrir isso por nós mesmos, temos de aprender a observar todo o nosso movimento. Há uma observação verdadeira quando não há o observador, mas apenas a observação.

Quando não há relacionamento, pode haver amor? Falamos sobre isso e o amor, tal como o conhecemos, está vinculado com o sexo e com o prazer, não é? Alguns de vocês dizem "não". Se dizem não, vocês devem ser sem ambição, não havendo, assim, competição, divisão — como "você" e "eu", "nós" e "eles". Não pode haver divisão de nacionalidade, nem a divisão causada pela crença, pelo conhecimento. Só então vocês podem dizer que amam. Porém, para a maioria das pessoas, o amor está vinculado com o sexo e com o prazer, e com toda a labuta concomitante — ciúme, inveja, antagonismo — vocês sabem o que acontece entre um homem e uma mulher. Quando esse relacionamento não é verdadeiro, real, profundo, completamente harmonioso, como podem vocês ter paz neste mundo? Como pode a guerra ter fim?

Assim, o relacionamento é uma das coisas mais importantes — ou melhor, a coisa mais importante — da vida. Isso significa que se tem de compreender o que é o amor. Certamente deparamos com ele de uma maneira estranha, sem procurá-lo. Quando descobrem por si mesmos o que o amor não é, vocês ficam sabendo o que ele é. Não de forma teórica nem verbal, mas quando se dão efetivamente conta do que ele não é: não ter uma mente competitiva, ambiciosa, uma mente que se empenha, compara, imita. É impossível que uma mente assim possa amar.

E será que vocês, vivendo neste mundo podem ser completamente sem ambição, jamais se comparando com qualquer outra pessoa? Porque, no momento em que vocês se comparam com o outro, há conflito, há inveja, há o desejo de alcançar, de ir além dele.

Será que uma mente e um coração que se lembram das mágoas, dos insultos, das coisas que os tornaram insensíveis e embotados, será que uma tal mente e um tal coração podem saber o que é o amor? No entanto, o que estamos procurando, consciente ou inconscientemente? Os nossos deuses são o resultado do nosso prazer. As nossas crenças, a nossa estrutura social, a moral da sociedade — que é essencialmente imoral —, são o resultado da nossa busca do prazer. E quando vocês dizem "eu amo alguém", isso é amor? Amor significa ausência de separação, de dominação, de atividade autocentrada. Para descobrir o que ele é, é imprescindível negar tudo isso — negar no sentido de perceber a sua falsidade. Uma vez que se perceba como falsa uma coisa que se aceitava como verdadeira, natural, humana, não mais se pode voltar a ela; quando vêem uma cobra ou outro animal perigoso, vocês nunca brincam com ele, vocês nunca se aproximam dele. Do mesmo modo, quando perceberem efetivamente que o amor não é nenhuma dessas coisas, quando o sentirem, o observarem, o mastigarem, viverem com ele, comprometerem-se inteiramente com ele, vocês saberão o que é o amor, o que é a compaixão — que é paixão por todos.

Não temos paixão; temos luxúria, temos prazer. O significado original da palavra paixão é sofrimento. Todos já tivemos algum tipo de sofrimento, por perder alguém, o sofrimento da autocomiseração, o sofrimento da raça humana, tanto coletivo como pessoal. Sabemos o que é o sofrimento, a morte de alguém que julgamos amar. Quando permanecemos com esse sofrimento de maneira total, sem tentar racionalizá-lo, sem tentar escapar dele de nenhuma forma — por meio de palavras ou da ação —, quando nos mantemos com ele completamente, sem nenhum movimento do pensamento, descobrimos que desse sofrimento vem a paixão. Essa paixão tem a qualidade do amor, e o amor não tem sofrimento.

❖

Vocês conseguiriam descobrir como levar agora, hoje, uma vida na qual sempre haja um fim para tudo o que vocês começaram? Não no escritório, é claro, mas interiormente, acabar com todo o conhecimento que acumularam — o conhecimento, isto é, suas experiências, suas lembranças, suas mágoas, o modo de vida comparativo, sempre comparando-se com outra pessoa. Acabar com tudo isso todos os dias, de modo que, no dia seguinte, a mente esteja renovada e jovem? Uma mente assim nunca pode ser magoada, e isso é inocência.

A pessoa tem de descobrir por si mesma o que significa morrer; quando o faz, não há medo e, portanto, cada dia é um novo dia — e falo sério; é possível consegui-lo —, de modo que sua mente e seus olhos vêem a vida como algo inteiramente novo. Isso é eternidade. É essa a qualidade da mente que alcançou esse estado intemporal, porque aprendeu o que significa morrer todos os dias para tudo o que acumulou ao longo do dia. Nesse estado há com certeza amor. O amor é algo totalmente novo a cada dia, mas o prazer não; o prazer tem continuidade. O amor é sempre novo e, por isso, é a sua própria eternidade.

Querem fazer alguma pergunta?

Questionador: O senhor parece acreditar na partilha, mas ao mesmo tempo diz que dois amantes, ou marido e mulher, não podem basear seu amor, não devem basear seu amor, em confortar um ao outro. Não vejo nada de errado em confortar um ao outro: isso é partilhar.

Krishnamurti: O que vocês partilham? O que estamos partilhando agora? Falamos sobre a morte, falamos sobre o amor, sobre a necessidade de uma revolução total, de uma completa mudança psicológica, em vez de viver no velho padrão de fórmulas, de luta, de dor, de imitação, de amoldar-se e de todas as demais coisas que o homem tem vivido ao longo de milênios, tendo produzido esse maravilhoso mundo confuso! Falamos sobre a morte. Como podemos partilhá-la? Como partilhar a compreensão dela, e não a sua apresentação verbal, a sua descrição, as suas explicações? O que significa partilhar a compreensão, partilhar a verdade que vem com a compreensão? E o que significa compreensão? Vocês me dizem algo sério, vital, pertinente, importante, e eu escuto completamente, porque é vital para mim. Para ouvir de modo vital, minha mente tem de estar aquietada, não é? Se eu estou tagarelando, olhando para o outro lado, se fico comparando o que vocês dizem com aquilo que sei, minha mente não está aquietada. Só quando minha mente está aquietada e ouve completamente, há compreensão da verdade da coisa. Partilhamos isso; do contrário, não podemos partilhar. Não podemos partilhar as palavras, só podemos partilhar a verdade de alguma coisa. Vocês e eu só podemos nos dar conta da verdade de alguma coisa quando a mente está totalmente voltada para a observação.

Vocês vêem a beleza do pôr-do-sol, as colinas adoráveis, as sombras e o luar. Como partilhar isso com um amigo? Dizendo-lhe

"Veja aquela colina maravilhosa"? Vocês podem dizê-lo, mas será que isso é partilhar? Partilhar de fato algo com o outro implica que os dois tenham a mesma intensidade, ao mesmo tempo, no mesmo nível. Do contrário não se pode partilhar, não é verdade? Os dois têm de ter o mesmo interesse, no mesmo nível, com a mesma paixão; se não for assim, como vocês poderão partilhar alguma coisa? Vocês podem partilhar um pedaço de pão, mas não é disso que estamos falando.

Para ver alguma coisa juntos, o que é partilhar, os dois têm de ver — não concordar ou discordar —, mas ver juntos o que de fato é; não interpretar de acordo com o meu ou o seu condicionamento, mas ver juntos aquilo que é. E, para ver juntos, é necessário ser livres para observar, ser livres para escutar. Isso significa não ter preconceitos. Só então, com essa qualidade de amor, existe a partilha.

Questionador: Quando o senhor fala de relacionamentos, sempre se refere a um homem e uma mulher ou a uma moça e um rapaz. Será que as coisas que o senhor diz sobre os relacionamentos também se aplicam a um homem e um homem ou a uma mulher e uma mulher?
Krishnamurti: Homossexualidade?

Questionador: Se o senhor quer dar-lhe esse nome, sim.
Krishnamurti: Veja bem, quando estamos falando de amor, seja de homem e homem, mulher e mulher ou homem e mulher, não estamos nos referindo a um tipo particular de relacionamento, mas de todo o movimento, de todo o sentido do relacionamento, e não de um relacionamento com uma ou duas pessoas. Vocês não sabem o que significa estar relacionado com o mundo quando se sente que se é o mundo? Não como uma idéia — isso seria horrível —, mas sentir de fato que se é responsável, que se está comprometido com essa responsabilidade. Eis o único compromisso que existe: não se comprometer com bombas nem com uma atividade particular, mas sentir que você é o mundo e que o mundo é você. A menos que vocês se transformem de modo completo, radical, produzindo em si mesmos uma total mudança, façam o que quiserem exteriormente, mas não haverá paz para o homem. Se sentirem isso no sangue, suas perguntas estarão relacionadas inteiramente com o presente, com a promoção de uma mudança no presente, e não com este ou aquele ideal especulativo.

Brockwood Park, 30 de Agosto de 1977

Krishnamurti: Com todas as experiências que vocês têm, com todo o conhecimento de vocês, com toda a civilização que têm por trás de si, de que vocês são o resultado, por que não existe compaixão na sua vida diária? Para descobrir por que vocês não a têm, por que ela não existe no coração, na mente ou na perspectiva humana, vocês também não fazem a pergunta: o senhor ama alguém?

Questionador: Eu fico imaginando, senhor, o que será o amor.
Krishnamurti: Por favor, meu senhor, estou lhe perguntando muito respeitosamente se o senhor ama alguma pessoa. O senhor talvez ame o seu cão, mas o cão é seu escravo. Afora animais, edifícios, livros, poesia, bem como o amor ao país, o senhor ama alguém? Isso significa não exigir nada em troca, não pedir nada da pessoa a quem se ama, não depender em nada dessa pessoa. Porque, quando se é dependente, o medo, o ciúme, a ansiedade, o ódio e a raiva começam a aparecer. Se vocês estão apegados a alguém, isso é amor? Descubram! E se tudo isso não é amor — só estou perguntando, não estou dizendo que é ou não é —, como podem vocês ter compaixão? Estamos pedindo algo que é muito mais do que o amor quando nem sequer temos amor comum por outro ser humano.

Questionador: Como descobrir esse amor?
Krishnamurti: Eu não quero descobrir esse amor. Tudo o que quero é eliminar aquilo que não é amor, ficar livre do ciúme, do apego.

Questionador: Isso significa que não deveríamos ter nenhuma fragmentação.

Krishnamurti: Isso, meu caro, é apenas teoria. Descubra se ama alguém. Como pode amar, se vive preocupado consigo mesmo, com seus problemas, suas ambições, seu desejo de sucesso, seu desejo de tantas coisas, sua atitude de se colocar em primeiro lugar, relegando o outro ao segundo? Ou pondo o outro em primeiro lugar e o senhor em segundo, o que é a mesma coisa.

Fizemos muitas perguntas. Podemos sentar juntos e mergulhar na questão de se posso ser livre do apego, compreendendo, mesmo verbalmente, que o amor não pode existir quando há ciúme ou apego? Será que vou dialogar comigo mesmo, e vocês vão apenas ouvir?

Percebo, ouvindo isso, que não amo. Isso é um fato. Não vou enganar a mim mesmo. Não vou fingir para minha mulher que a amo — ou para uma outra mulher, uma moça ou um rapaz. Ora, em primeiro lugar, não sei o que é o amor. Mas sem dúvida sei que sou ciumento, que tenho um terrível apego a alguém e que, nesse apego, há medo, há ciúme, há ansiedade, há um sentido de dependência. Não gosto de depender, mas dependo porque me sinto solitário e porque sou maltratado pela sociedade, no escritório, na fábrica, e, quando chego em casa, quero ser confortado, ter companhia, fugir de mim mesmo. Por isso sou dependente dessa pessoa, apegado a ela. Ora, estou perguntando a mim mesmo como me libertar desse apego, sem saber o que é o amor. Não vou fingir que tenho o amor de Deus, o amor de Jesus, o amor de Krishna; jogo fora todo esse absurdo. Como proceder para me libertar desse apego? Estou tomando isso apenas como um exemplo.

Não vou fugir disso, certo? Não sei o que vai ser minha vida com a minha mulher; quando eu estiver de fato desapegado dela, meu relacionamento com ela pode mudar. Ela poderá estar apegada a mim e eu desapegado dela, bem como de qualquer outra mulher. Vocês compreendem? Não é que eu me desapegue dela e me una a outra mulher; isso é tolice. E o que farei então? Não vou fugir das conseqüências do fato de estar totalmente livre de todo apego. Vou investigar. Não sei o que é o amor, mas vejo com muita clareza, com nitidez, sem nenhuma dúvida, que o apego a uma pessoa significa medo, ansiedade, ciúme, possessividade e assim por diante. Eis por que pergunto a mim mesmo como fazer para me libertar do apego. Não se trata de um método. Quero me livrar disso, mas realmente não sei como fazê-lo. Estou travando um diálogo comigo mesmo.

Começo então a investigar. E fico preso a um sistema. Fico preso a algum guru que diz: "Vou ajudá-lo a ser desapegado; faça isso e aquilo; pratique isto e isto." Quero me livrar do apego e aceito o que aquele homem tolo me diz porque percebo a importância de ser livre e ele me promete que, se fizer aquilo, serei recompensado. E quero ficar livre a fim de conseguir essa recompensa. Vocês compreendem? Estou em busca de uma recompensa. E então vejo como sou tolo: quero ser livre e me apego à recompensa.

Eu represento o resto da humanidade — estou falando sério — e, porque estou tendo um diálogo comigo mesmo, estou chorando. É uma paixão para mim.

Não quero ser apegado, mas percebo que estou começando a me apegar a uma idéia. Ou seja: tenho de ser livre e o livro ou idéia de alguém diz "Faça isso e você terá aquilo". Então, a recompensa passa a ser o meu apego. E eu digo: "Olha só o que fiz. Tome cuidado, não caia nessa armadilha. Seja uma mulher ou uma idéia, ainda se trata de apego." Aprendi que trocar o apego por outra coisa ainda é apego. Logo, agora eu estou muito atento. E digo a mim mesmo: "Haverá um caminho, ou o que devo fazer para me libertar do apego? Qual o meu propósito? Por que quero ficar livre do apego? Por ele ser doloroso? Por ter o desejo de alcançar um estado em que não haja apego, não haja medo e assim por diante?" Queiram por favor me acompanhar, porque estou representando vocês. Qual o meu propósito ao querer ser livre? De súbito, dou-me conta de que um propósito determina uma direção e que essa direção vai ditar a minha liberdade. Por que tenho um propósito? O que é um propósito? Um propósito é um movimento, a esperança de conseguir algo. Logo, meu propósito é o meu apego. O propósito tornou-se o meu apego; não só a mulher, a idéia de uma meta, como também o meu propósito: tenho de ter aquilo. Logo, estou sempre funcionando no campo do apego. Estou apegado à mulher, ao futuro e ao propósito. E digo: "Ó meu Deus, que coisa complexa! Não me dei conta de que ser livre do apego tivesse todas essas implicações!"

Ora, vejo tudo claro como um mapa: as cidades, as estradas vicinais, as estradas principais. E digo a mim mesmo: "É possível ficar livre do meu propósito, ao qual estou apegado, ficar livre da mulher à qual tenho grande apego, bem como da recompensa que penso que vou ter quando conseguir ser livre? Por que estou apegado a tudo isso? Será que eu não me basto? Será que sou extremamente solitário e quero escapar dessa extraordinária sensação de isolamento e, portanto, me apego a alguma coisa — a um homem, a uma mulher, a uma idéia, a um propósito? Será que sou solitário, e estou fugindo dessa sensação de extraordinário isolamento por meio do apego a outra pessoa?"

Logo, não estou interessado em nenhum apego. Tenho interesse em compreender por que sou solitário, fato que me torna apegado. Sou solitário, e essa solidão me obrigou a fugir por meio do apego a alguém ou a alguma coisa. Enquanto eu estiver solitário, essa é a seqüência. Por isso, tenho de investigar por que sou solitário. O que significa ser solitário? Como isso acontece? A solidão é instintiva, inata, hereditária, ou o que a produz é a minha atividade diária?

Questiono porque não aceito nada. Não aceito que a solidão seja uma coisa instintiva e que eu nada possa fazer com relação a isso. Não aceito que ela seja hereditária e que, portanto, a culpa não seja minha. Como não aceito nada dessas coisas, pergunto: "Por que existe essa solidão?" Pergunto e fico com a pergunta, sem tentar descobrir uma resposta. Perguntei a mim mesmo qual a origem dessa solidão; e estou observando. Não estou tentando descobrir uma resposta intelectual; não estou tentando dizer à solidão o que ela deve fazer ou o que ela é. Eu a observo atentamente para que ela me diga.

Tem de haver uma observação atenta para que a solidão se revele. Ela não vai se revelar se eu fugir, se ficar assustado, se eu lhe resistir. Por isso eu a observo atentamente. Eu a observo de modo que nenhum pensamento interfira, porque isso é mais importante do que a entrada do pensamento em cena. Toda a minha energia está voltada para a observação dessa solidão; logo, o pensamento não entra em cena em momento algum. A mente está sendo desafiada e ela deve responder. Quando se é desafiado, surge uma crise. Numa crise, tem-se toda a energia, e esta permanece se não houver interferência. Trata-se de um desafio ao qual tem de ser dada uma resposta.

Questionador: Como podemos manter essa energia? Como fazer alguma coisa com relação a ela?

Krishnamurti: Ela apareceu. O senhor não entendeu coisa alguma.

Veja bem, comecei por um diálogo comigo mesmo. Perguntei: "O que é essa coisa estranha chamada amor?" Todos falam sobre ele e escrevem a seu respeito; há poemas românticos, quadros e tudo o mais, o sexo e toda a confusão concomitante. E eu pergunto se tenho isso a que se dá o nome de amor, se existe amor. Vejo que não existe amor quando há ciúme, ódio, medo. Logo, não trato mais do amor; trato do "que existe", ou seja, do meu medo, do meu apego e do motivo pelo qual estou apegado. Eu disse que talvez uma das razões, e não a razão, seja o fato de eu ser solitário, desesperadamente solitário. Quanto mais velho fico, tanto maior o meu isolamento. Assim, eu observo. É um desafio de descoberta e, por ser isso um desafio, toda a energia está presente para responder. É uma coisa simples, não? Quando há uma morte na família, estamos diante de um desafio. Se há um acidente, uma catástrofe, estamos diante de um desafio e dispomos de energia para enfrentá-lo. Ninguém se pergunta: "Onde se consegue essa energia?" Quando sua casa está em chamas, o senhor tem energia para se mover. Tem uma energia extraordinária. Não se senta e diz "Bem, tenho de conseguir essa energia", e fica esperando. Se o fizer, a casa inteira vai ser destruída pelo fogo.

Logo, há uma tremenda energia para responder à pergunta sobre o motivo da existência dessa solidão. Rejeitei idéias, suposições ou teorias de hereditariedade ou instinto. Todas essas coisas nada significam para mim. Interesso-me "pelo que existe". Então, por que sou solitário — não eu —, por que existe essa solidão pela qual todo ser humano, se tiver alguma percepção, passa, superficial ou bem profundamente? Por que isso vem a existir? Será que a mente faz alguma coisa que gera a solidão? Vocês compreendem? Tendo rejeitado teorias, instintos, hereditariedade, estou perguntando se a mente gera isso.

Estará a mente criando isso? Solidão significa isolamento total. Estará a mente, o cérebro, criando isso? A mente é, em parte, o movimento do pensamento. Estará o pensamento criando isso? Estará o pensamento, na vida diária, criando, gerando essa sensação de isolamento? Estarei me isolando porque quero ser melhor no escritório, tornar-me o principal executivo — ou o bispo ou o papa? O pensamento está agindo o tempo todo isolando a si mesmo. Vocês o estão observando atentamente?

Questionador: Creio que ele se isola tanto mais quanto mais estiver abarrotado.
Krishnamurti: Concordo.

Questionador: Como uma reação.
Krishnamurti: Sim, correto, senhor, correto. Quero falar disso. Vejo que o pensamento, a mente, está o tempo todo fazendo coisas para se tornar superior, maior, empenhando-se nesse isolamento.

O problema então é: Por que o pensamento faz isso? Será da natureza do pensamento trabalhar em seu próprio benefício? Será da natureza do pensamento criar esse isolamento? Será a sociedade que cria esse isolamento? Será que a educação cria esse isolamento? A educação de fato ocasiona esse isolamento; ela nos prepara para uma carreira especializada. Descobri que o pensamento é a resposta do passado na forma de conhecimento, experiência e memória e por isso sei que o pensamento é limitado, que nos prende ao tempo. Assim, o pensamento está criando isso. Logo, a minha preocupação passa a ser a de saber por que o pensamento faz isso. Será da sua natureza fazê-lo?

❖

Questionador: O que está bem lá no fundo, lá dentro, está escondido o tempo todo; em conseqüência, o pensamento é necessariamente enganoso, leva necessariamente ao isolamento, porque ninguém sabe o que qualquer outra pessoa está sentindo devido a todo esse fingimento.
Krishnamurti: Já passamos disso, senhor. Estamos chegando ao ponto no qual já não estamos fingindo.

Dissemos no diálogo que não sabemos o que é o amor. Sei que quando usamos a palavra *amor* há um certo fingimento, uma certa hipocrisia, a colocação de um determinado tipo de máscara. Já passamos por tudo isso. Chegamos agora ao ponto de perguntar por que o pensamento, sendo um fragmento, gera esse isolamento — se é que ele o faz. Descobri, na minha conversa comigo mesmo, que ele o faz, porque percebi que ele é limitado, que ele nos prende ao tempo, que tudo o que ele fizer tem de ser limitado e que nessa limitação ele encontrou segurança. Ele encontrou segurança em dizer "Tenho uma carreira especial na vida". Ele encontrou segurança em dizer "Sou um professor e, por esse motivo, estou perfeitamente seguro". E vocês ficam parados nisso pelo resto da vida. Há aí muita segurança psicológica, bem como factual.

Portanto, o pensamento está fazendo isso. O problema é, então: será que o pensamento pode se dar conta de que é limitado e de que, por conseguinte, tudo o que faz é limitado e, portanto, fragmentário e com tendência a isolar? Será que tudo o que ele fizer vai ter esse caráter? Eis um ponto muito importante: será que o pensamento pode perceber suas próprias limitações, ou ele diz a si mesmo: "Sou limitado?" Vocês compreendem a diferença? Sendo o pensamento eu, eu digo que o pensamento é limitado, ou o próprio pensamento se dá conta de que sou limitado? São duas coisas inteiramente diferentes. Uma delas é uma imposição e, portanto, conflito; mas, quando o próprio pensamento diz "Sou limitado", ele não vai fugir dessa limitação. É muito importante compreender isso, pois aqui está a própria essência da coisa. Estamos impondo ao pensamento o que ele deveria fazer. O pensamento criou o "eu", e o "eu" separou-se dele e quer dizer ao pensamento o que fazer. Porém, se o próprio pensamento percebe que é limitado, não há resistência, não há conflito. Ele diz: "Eu sou isso. Chega!"

No meu diálogo comigo mesmo, eu estou perguntando se o pensamento percebe por si que é limitado ou se eu estou lhe dizendo que ele é limitado. Se estou lhe dizendo que ele é limitado, eu fujo das limitações. Então, luto para superar essas limitações; como resultado, há conflito, que é violência e não é amor. Então o pensamento se dá conta, por si mesmo, de que é limitado? Tenho de descobrir. Estou sendo desafiado. Tenho energia agora porque estou sendo desafiado.

Para dizê-lo de outra maneira: a consciência percebe o seu próprio conteúdo? A consciência se dá conta de que o seu conteúdo é ela mesma? Será que ouvi alguém dizer que "a consciência é o seu conteúdo, o conteúdo constitui a consciência", e então eu disse: "Sim, é verdade?" Ou será que a consciência — a minha consciência, esta consciência — percebe o seu próprio conteúdo e, portanto, que o seu próprio conteúdo é a totalidade da minha consciência? Vocês percebem a diferença entre essas duas coisas? Uma é imposta por mim, pelo "eu" criado pelo pensamento, e se "eu" imponho algo ao pensamento, há conflito. É como um governo tirânico se impondo — mas eu criei esse governo.

Estamos perguntando se o pensamento percebeu a sua própria pequenez, a própria insignificância, as próprias limitações. Ou estará ele fingindo ser algo extraordinário, nobre, divino? Isso é bobagem, porque o pensamento é memória, experiência. No meu diálogo, tem de haver clareza quanto a este ponto: não existe nenhuma influência exterior convencendo o pensamento de que ele é limitado. Como não há imposição, não há conflito, e, por conseguinte, ele mesmo percebe que é limitado. O pensamento se dá conta de que tudo quanto fizer, mesmo louvar a Deus, é limitado, medíocre, ínfimo — embora tenha criado maravilhosas catedrais por toda a Europa.

Na minha conversa comigo mesmo, houve a descoberta de que a solidão é criada pelo pensamento. E o pensamento agora se deu conta por si mesmo de que é limitado e não pode solucionar o problema da solidão. Como ele não pode solucionar o problema da solidão, será que esta existe? O pensamento compreendeu desse modo a solidão. Ele percebeu que é limitado e que, por ser limitado, fragmentário, dividido, criou esse vazio, essa solidão. Logo, quando ele se dá conta disso, a solidão deixa de existir.

Assim, há liberdade com relação ao apego. Eu nada fiz senão observar o apego e o que está envolvido no apego — cobiça, medo, solidão — e, ao acompanhar isso, ao contemplar isso, ao observar isso — não analisar nem examinar, mas observar, observar, observar —, vem a descoberta de que todas essas coisas são fruto do pensamento. O pensamento, por ser fragmentário, criou esse apego. Quando ele percebe isso, o apego cessa. Não é feito nenhum esforço, porque, no momento em que se faz esforço, volta o apego.

Dissemos que, se há amor, não há apego e que, se há apego, não há amor. Assim, houve a eliminação do principal fator por meio da negação daquilo que ele não é. Vocês sabem o que isso significa na vida diária: nenhuma lembrança de nada do que minha mulher, minha namorada ou meu vizinho disseram; nenhuma lembrança de qualquer mágoa; nenhum apego à imagem da minha mulher. Estive apegado à imagem que o pensamento criara sobre ela — que ela me magoara, me importunara, me satisfizera sexualmente, dez coisas diferentes; tudo isso é o movimento do pensamento que criou a imagem, e é a essa imagem que eu estava apegado. Assim, o apego desapareceu.

Há outros fatores: o medo, o prazer, o conforto advindos daquela pessoa ou daquela idéia. Ora, tenho de repassar essas coisas todas passo a passo, uma por uma, ou todas elas deixaram de existir? Tenho de investigar o medo e o desejo de conforto tal como fiz com o apego? Tenho de observar por que busco conforto? Será que faço porque sou insuficiente, será por isso que desejo uma cadeira confortável, um homem ou uma mulher que me confortem ou uma idéia confortável? Penso que a maioria de nós quer dispor de uma idéia confortável, segura, que nunca possa ser abalada. Eu me apego muitíssimo a ela e, se alguém disser que ela é absurda, irrito-me, fico ciumento, fico contrariado, porque essa pessoa está abalando a minha casa. Vejo que não preciso proceder ao exame de todos esses vários fatores. Se vejo tudo com um único olhar, terei compreendido tudo.

Portanto, mediante a negação do que não é amor, o que resta é: Não tenho de perguntar o que é o amor. Não tenho de me lançar em sua busca. Se me lanço em sua busca, ele não é amor, mas uma recompensa. Na minha inquirição, lenta, cuidadosa, sem distorção, sem ilusão, neguei tudo quanto não é amor, e o que resta disso é amor.

Saanen, 18 de Julho de 1978

Por favor, vamos entrar num assunto que talvez seja bem difícil. Não sei para onde ele vai nos levar. Ele poderá ficar um pouco mais complexo e, por isso, façam-me o favor de prestar um pouco de atenção.

Vocês sabem que, quando têm uma criancinha consigo, vocês escutam o seu choro, escutam as suas palavras, escutam os seus murmúrios. Vocês ficam tão preocupados que escutam; podem estar dormindo, mas no momento em que a criancinha chora, despertam. Vocês ficam atentos o tempo inteiro porque a criança é de vocês e vocês têm de cuidar dela, amá-la, protegê-la. Vocês ficam tão atentos que, mesmo se estiverem adormecidos, acordam. Ora, será que vocês poderiam observar, com a mesma qualidade de atenção, de afeição e de cuidado que dedicam a cada movimento do seu filho, o espelho que são vocês mesmos? Não a mim, vocês não estão escutando a mim; estão escutando, com essa afeição e esse cuidado extraordinariamente concentrados, o espelho que são vocês mesmos e aquilo que ele está lhes dizendo. Vocês querem fazer isso?

Estamos perguntando por que os seres humanos ficaram tão mecânicos. O hábito mecânico obviamente produz desordem, visto que a energia, funcionando sempre dentro de limites estreitos, está lutando por extravasar, e isso é a essência do conflito. Vocês compreendem o que o espelho está dizendo? — não eu, não há ninguém falando aqui. Conseguem ver com cuidado, atenção, com um sentimento de grande afeição, aquilo que estão escutando?

Estamos falando da desordem. Vivemos numa desordem de hábitos, de crenças, de conclusões, de opiniões. Esse é o padrão no qual vivemos, padrão que naturalmente, por ser limitado, tem de criar desordem. Ora, quando se está em desordem, é errado buscar ordem, porque a mente que está confusa, incerta, ao buscar aquilo que é ordem também ficará confusa, também ficará incerta. Isso é claro. Se, porém, vocês observarem a desordem, se compreenderem a desordem em que vivem e as causas do movimento da desordem, na própria compreensão da desordem a ordem surgirá naturalmente — com facilidade, com alegria, sem nenhuma compulsão, sem nenhum controle. O espelho está lhes dizendo que vocês podem descobrir instantaneamente — não verbal, intelectual nem emocionalmente — as causas desse movimento de desordem em vocês e a razão de ele surgir, se vocês derem atenção, a mesma atenção que dão a uma pequena criança indefesa. Fazer isso é ter uma introvisão da desordem.

Qual a raiz da desordem? A desordem tem muitas causas: a comparação, o comparar-se com outra pessoa, o comparar-se com aquilo que se "deveria" ser, o imitar um exemplo, algum santo; o amoldar-se, ajustar-se a algo que se pensa estar além do que existe. Sempre há conflito entre "o que é" e "o que deveria ser". Comparar é o movimento do pensamento: fui isso, ou fui feliz, e um dia serei feliz outra vez. Essa constante medição entre "o que foi" ou "o que é" e "o que deveria ser", essa permanente avaliação, traz conflito. Essa é uma das razões essenciais da desordem.

Outra causa da desordem é proceder com base no passado. Ora, será o amor um movimento do tempo, do pensamento, da rememoração? Vocês compreendem a pergunta que o espelho que vocês contemplam está lhes fazendo? Será que aquilo a que damos o nome de *amor* não cria uma extraordinária desordem nos relacionamentos humanos? Olhem para si mesmos.

Qual a raiz da desordem? Vocês podem ver as causas, a que podemos acrescentar outras; isso não vem ao caso. Ao examinar a raiz da desordem, não analisem. Apenas observem. Se observarem sem análise, terão uma introvisão imediata dela. Se disserem "vou examinar, vou deduzir", ou se a analisarem a partir de fora com base na indução ou na dedução, ainda estarão seguindo o movimento do pensamento. Mas, se puderem observar com cuidado, com uma profunda atenção que envolve um grande grau de ternura, de afeição, vocês terão uma introvisão. Sigam em frente, descubram!

Qual a raiz da nossa desordem — desordem interior e, por conseguinte, desordem exterior? Vocês podem ver que terrível desordem há no mundo, uma desordem que causa agonia: pessoas matando umas às outras, dissidentes sendo presos e torturados. Toleramos isso tudo porque a nossa mente aceita as coisas ou tenta mudar um pouquinho aqui ou ali. Para ver a raiz da desordem, é preciso abordar a pergunta: o que é a nossa consciência? Enquanto olham para vocês nesse espelho sem distorções, o que é a sua consciência? Essa pode ser a essência da desordem. Temos de investigar juntos o que é a nossa consciência.

Nossa consciência é uma coisa viva, uma coisa movente; ela é ativa, e não algo estático, fechado, trancado. É algo em constante mudança, mas que se altera dentro de margens pequenas e limitadas. É como um homem pensando que está mudando quando modifica um pouquinho num canto e não transforma o resto do campo. Temos de compreender a natureza e a estrutura da consciência. Estamos fazendo isso a fim de descobrir a raiz da desordem. Pode ser que essa raiz não seja a consciência. Vamos descobrir. O que é a nossa consciência? Não é ela tudo o que o pensamento construiu: a forma, o corpo, o nome, os sentidos com que o pensamento se identificou, as crenças, as dores, as torturas, as agonias, os incômodos, as depressões e os entusiasmos, os ciúmes, as ansiedades, os temores, os prazeres, o meu país e o país de vocês, a crença em Deus e o não crer em Deus, dizer que Jesus é o mais importante, que Krishna é bem mais importante etc. etc.? Não é tudo isso a nossa consciência? Podemos fazer acréscimos: sou moreno e queria ser mais claro; sou negro, mas o negro é bonito e assim por diante. O passado, a hereditariedade, a mitologia, toda a tradição da humanidade, baseiam-se essencialmente nessas coisas. Tudo isso é o conteúdo da consciência e, enquanto não conhecermos o seu conteúdo e agirmos, a ação será necessariamente limitada e, portanto, criará desordem. O pensamento, no seu movimento, é obrigado a criar desordem enquanto não se der conta do lugar que lhe é próprio. O conhecimento é limitado e, por esse motivo, tem seu lugar próprio. Isso está claro.

O pensamento, nascido ontem ou há dez bilhões de ontens, é limitado, e o conteúdo da nossa consciência é, portanto, limitado. Seja qual for a maneira pela qual o pensamento diga que essa consciência não é limitada, ou mesmo se disser que existe uma consciência superior, ainda se tratará de uma forma de consciência. Logo, o pensamento que não deu conta do seu lugar próprio constitui a própria essência da desordem. Não se trata de uma coisa romântica, vaga, absurda; vocês podem perceber por si mesmos — se forem lógicos, se tiverem saúde mental, se tiverem clareza — que o pensamento, sendo limitado, tem de gerar desordem. Um homem que diz "Sou judeu" ou "Sou árabe" é limitado e, portanto, está se fechando, resistindo; assim começam as guerras e toda a angústia. Vocês percebem de modo concreto esse fato, não como uma idéia, nem como algo que alguém lhes diz, mas se dão conta dele por si mesmos, tal como quando ouvem o choro do bebê? Se o percebem, vocês agem, vocês despertam.

Parte do nosso modo mecânico de viver nasce dessa consciência limitada. Será possível não expandir a consciência, não ampliá-la, não lhe acrescentar mais coisas, mais conhecimento, mais experiência, mais movimento de um lado para o outro? Há escolas que tentam expandir a consciência por meio de práticas, da disciplina, do controle. Quando se tenta expandir a consciência, há um centro de referência. Quando se tenta ampliar alguma coisa — por exemplo, os alicerces de uma casa pequena para torná-la grande —, há um centro com referência ao qual se amplia. Do mesmo modo, há um centro a partir do qual se expande a consciência, o que equivale a uma medida. Olhem para si mesmos. Vocês estão tentando expandir a consciência? Vocês podem não usar essa palavra. Podem dizer "Bem, estou tentando ser melhor", "Estou tentando ser mais isso ou mais aquilo, ou alcançar o sucesso". Enquanto houver um centro a partir do qual vocês agem, é inevitável que haja desordem.

E surge o problema: será possível agir, funcionar natural e alegremente, sem um centro, sem o conteúdo da consciência? Estamos fazendo perguntas básicas. Vocês talvez não estejam acostumados com isso. A maioria de nós faz perguntas de modo bem negligente ou indiferente, e vai adiante. Mas estamos fazendo perguntas que vocês têm de responder, interrogações nas quais vocês têm de mergulhar a fim de descobrir as respostas por si mesmos. Será possível agir, levar a vida diária, sem um centro? O centro é a essência da desordem. Em seu relacionamento com o outro, por mais íntimo que seja, se você está sempre voltado para si mesmo, com suas ambições, sua personalidade, sua beleza, seus hábitos, e o outro faz o mesmo, há naturalmente conflito, que é desordem.

Será possível não agir a partir do centro, que é a consciência e o seu conteúdo, todas as coisas que o pensamento construiu, com suas sensações, seus desejos, seus temores e assim por diante? Qual a ação em que não há contradição nem arrependimento, nem recompensa nem punição e que é, portanto, uma ação íntegra? Vamos descobrir. Não é que eu vá descobrir e dizer a vocês; vamos descobrir juntos, lembrando-nos de que não há aqui um palestrante, mas o espelho que vocês estão olhando. Para compreender isso, temos de entrar na questão de saber o que é o amor. Porque, se descobrirmos a verdade do que é o amor, isso poderá dissolver por completo o centro, gerar de maneira integral uma ação holística. Por esse motivo, temos de penetrar no assunto com muitíssimo cuidado — se vocês estiverem dispostos a escutar. Vocês têm suas opiniões sobre o amor, têm suas conclusões sobre o amor. Dizem que o amor não pode existir sem ciúme, que o amor só existe quando há sexo, que o amor só existe quando se ama o próximo, quando se amam os animais. Vocês têm um conceito, uma idéia, uma conclusão acerca do que é o amor. Se têm isso, não têm condições de investigar. Se já dizem "Isso é assim e assado", vocês já terminaram. É como quando um desses gurus diz "Eu sei; eu alcancei a iluminação" e vocês, sendo crédulos, o seguem. Vocês nunca o questionam.

Aqui não há autoridade, não há alguém que se dirige a vocês; nós estamos fazendo algumas perguntas muitíssimo sérias que podem resolver o conflito, a constante batalha entre as pessoas. Para descobrir a resposta, temos de mergulhar bem profundamente na questão do que é o amor. Estamos apenas falando daquilo que os seres humanos chamam de amor: amor pelos seus animais, seus animais de estimação, seu jardim, sua casa, seus móveis, seu namorado ou namorada, amor pelos seus deuses, amor pelo país — essa coisa chamada *amor,* tão sobrecarregada, tão espoliada. Vamos descobrir o que ela é.

O bebê está chorando; por isso, prestem um pouco de atenção. Vocês sabem quando o bebê chora, vocês estão escutando com toda a mente. Há uma arte de escutar. A palavra *arte* implica pôr tudo no seu devido lugar. Se vocês compreendem o sentido dessa palavra, a verdadeira arte não é pintar quadros, mas a arte de pôr a própria vida no seu devido lugar, o que é viver harmoniosamente. Quando põem tudo o que há em vocês no seu devido lugar, vocês ficam livres. Pôr tudo no seu devido lugar é parte da inteligência. Vocês vão dizer que estamos atribuindo um novo sentido à palavra *inteligência*. Temos de fazê-lo. Inteligência significa ler nas entrelinhas, entre palavras, entre dois silêncios, entre a fala, ouvir com a mente o tempo inteiro alerta para escutar. Ouve-se não somente com os ouvidos, mas também sem eles.

Estamos perguntando: qual o sentido e a beleza — se é que aí existe beleza — do amor? Vocês já fizeram considerações sobre o que é a beleza? O que significa a beleza? Está ela vinculada com o desejo? Não o neguem; observem-na, ouçam-na com atenção e descubram. A beleza é parte do desejo? É ela parte dos sentidos? Vocês vêem um prédio maravilhoso, o Partenon ou uma das catedrais, prodigiosas edificações; seus sentidos são despertados pela beleza daquilo. Então a beleza é parte disso? Está a beleza na cor, na forma, nos ossos do rosto, no brilho dos olhos, na pele e nos cabelos, na expressão de um homem ou de uma mulher? Ou haverá outra qualidade de beleza que transcenda tudo isso e que, quando é parte da vida, faz que a forma, o rosto, tudo tenha o seu lugar? Se isso não for apreendido, não for compreendido, a expressão exterior se tornará todo-importante. Vamos descobrir o que é essa beleza, se for do interesse de vocês.

Vocês sabem que, quando vêem algo como uma montanha maravilhosa projetando-se no céu azul, com a neve vívida, brilhante, clara, impoluta, a majestade da coisa afasta de vocês todos os seus pensamentos, preocupações e problemas. Vocês já se deram conta disso? Vocês dizem "Que coisa bonita" e, talvez por uns dois segundo, ou mesmo por um minuto, ficam em absoluto silêncio. A grandeza daquilo afasta por um instante a nossa insignificância. Assim, aquela imensidade se apossou de nós. Tal como ocorre com a criança ocupada por uma hora com um brinquedo intricado, que não fala, não faz ruídos, ficando completamente absorvida. O brinquedo a absorveu. A montanha, assim, absorve vocês, e por uns segundos ou por um minuto, vocês ficam absolutamente quietos, o que significa que o eu não existe. Ora, sem ser absorvido por coisa alguma — nem por um brinquedo, nem por uma montanha, um rosto ou uma idéia —, ficar completamente sem o eu em si mesmo constitui a essência da beleza.

Vamos descobrir o que é o amor. Se o pudermos, a nossa vida poderá ser totalmente diferente; poderemos viver sem conflito, sem controle, sem nenhuma forma de esforço. Vamos descobrir.

Além da ação positiva, há uma ação que é não-ação. A ação considerada positiva consiste em fazer algo com relação a alguma coisa, controlar, suprimir, fazer esforço, dominar, evitar, explicar, racionalizar, analisar. Estamos dizendo que existe a não-ação, que não está vinculada com a ação positiva, não é o seu oposto, e que consiste em observar sem ação. Então, essa mesma observação causa uma transformação radical naquilo que está sendo observado, e que é a não-ação. Estamos muito acostumados a agir positivamente: "tenho de", "não posso", "isto é certo", "isto é errado", "isto é correto", "isto deveria ser", "isto não pode ser", "vou suprimir isto", "vou controlar". Toda essa luta com o "eu", que é a essência da desordem, que é a essência do conflito. Se vocês virem isso, não verbal, nem intelectual nem opticamente, mas se virem de modo concreto a verdade disso, haverá não-ação, na qual não existe esforço. A própria observação pura e simples modifica aquilo que está sendo observado.

Estamos perguntando: o que é o amor? Dissemos que temos muitas opiniões a seu respeito, opiniões de especialistas, opiniões de gurus, opiniões de sacerdotes; sua mulher ou namorada diz "isso é amor" ou vocês dizem "aquilo é amor" ou afirmam que o amor tem relação com o sexo, e assim por diante. O amor é isso? Ele está vinculado com os sentidos? Dos sentidos vem o desejo. O movimento dos sentidos é evidentemente desejo. Vejo algo belo, meus sentidos são despertados e eu desejo aquilo. Observem-no por si mesmos. Estamos dizendo que quando há o total movimento dos sentidos — de todos os sentidos e não de um em especial —, o desejo deixa de existir. Reflitam sobre isso.

Será o amor o movimento dos sentidos com desejo? Em outras palavras: amor é desejo? Os sentidos estão o tempo todo sexualmente em operação: a lembrança, as imagens, as sensações. O movimento de tudo isso é considerado amor. O amor, pelo que podemos observar, é parte do desejo. Vão devagar. Estamos penetrando na questão. Será o amor apego? Estou apegado ao meu namorado ou à minha namorada. Eu possuo. Será o amor apego? Toda a nossa vida tem como base o apego: apego à propriedade, apego a pessoas, apego a uma crença, a um dogma, a Cristo, a Buda. Isso é amor? No apego há dor, há medo, ciúme, ansiedade. Onde há apego existe amor? Quando vocês o observam e se ocupam o mais profundamente da descoberta do que é o amor, o apego se torna sem importância, não tem valor, porque isto não é o amor.

O amor não é desejo. Não é lembrança. Não é apego. Não é aquilo que eu digo a vocês e vocês aceitam. Assim são as coisas. O amor é prazer? Isso não significa que não podemos segurar a mão do outro. Vejam bem: o desejo é o resultado da sensação. A sensação está ligada ao pensamento e este à sensação, e da sensação vem o desejo, e esse desejo quer ser realizado e nós damos a isso o nome de amor. Isso é amor? O apego é amor? No apego há conflito, há incerteza, e quanto maior a incerteza, tanto maior o medo da solidão, tanto mais nos tornamos apegados, possessivos, dominadores, impositivos, exigentes e, em conseqüência, tanto maior o conflito no relacionamento. E vocês pensam que esse conflito é parte do amor. Estamos perguntando: isso é amor?

Será o prazer amor? O prazer é o movimento de uma lembrança. Não memorizem a frase; apenas a escutem. Lembro-me de como você foi bom, terno, acolhedor, sensual, e digo: "Querido, eu te amo." Isso é amor? Mas, o prazer, deve ser negado? Vocês têm de perguntar tudo isso. Têm de perguntar, descobrir. Não lhes dá prazer contemplar as águas de um regato? O que há de errado com esse prazer? Não lhes dá prazer contemplar uma árvore solitária num campo? Não lhes dá prazer ver a lua acima das montanhas, como talvez tenham visto ontem à noite? Foi um grande prazer, não? O que há de errado com isso? Mas o problema começa quando o pensamento diz: "Que lindo, tenho de conservar isso, tenho de me lembrar disso, tenho de cultuá-lo, espero ter mais disso." Então, começa a funcionar todo o movimento do prazer. E a esse prazer damos o nome de amor.

A mãe com o filho fica cheia dessa terna afeição, da sensação de proteger. Isso é amor? Ou esse amor é parte de sua hereditariedade? Vocês já viram os símios segurando seus filhotes, a fêmea do elefante tratando do seu pequeno com infinito cuidado? Talvez tenhamos herdado essa reação instintiva diante de um bebê — e, por isso,

"É o *meu* bebê. Tem o meu sangue, meus ossos, minha carne. Eu o amo." E se de fato amam muito seu bebê, vocês cuidarão para que seja adequadamente educado, nunca seja violento, não seja morto nem mate ninguém. Não se cuidam dos filhos até os cinco ou seis anos, atirando-os depois aos lobos.

Então, será que tudo isso é amor? Ora, a ação positiva consiste em dizer: "Não. Vou parar de praticar o sexo", "Vou me libertar do apego", "Estarei sempre lutando contra o apego". Ao passo que a ação negativa é ver as coisas em sua inteireza e, portanto, ter delas uma introvisão. Então, vocês vão ver que o amor não é nenhuma dessas coisas, mas que, por haver amor, a partir desse amor todo o relacionamento muda. Vocês sabem o que os ascetas, os *sannyasis* da Índia, os monges da Europa e do mundo inteiro dizem: "Nada de desejo, nada de sexo, nada de olhar para mulheres bonitas. Se o fizer, pense nela como sua irmã ou sua mãe. Ou, se não conseguir evitar, concentre-se no divino." E eles ardem de desejo por dentro! Eles negam por fora, mas interiormente ardem. E a isso dão o nome de vida religiosa, o que significa que eles não têm amor. Eles têm uma idéia do que é o amor. A idéia, a palavra, não é o amor. Mas somente quando se constatou todo o movimento do desejo, do apego, do prazer, então, a partir das profundezas da percepção, desabrocha essa flor estranha com seu extraordinário perfume. Isso é o amor.

Bombaim, 31 de Janeiro de 1982

O que somos? Afora um nome, uma forma, talvez, se tivermos muita sorte, uma conta bancária, uma habilidade, mas, afora tudo isso, o que somos? Estamos sofrendo? Ou o sofrimento não existe na sua vida? Há medo? Há ansiedade, cobiça, inveja? Cultuamos alguma imagem criada pelo pensamento? Medrosos diante da morte, estaremos nos apegando a algum conceito? Não estaremos vivendo em contradição, dizendo uma coisa e fazendo outra? Somos tudo isso. Nossos hábitos, nossas futilidades, o interminável tagarelar que ocorre na mente, tudo isso é o que somos. O conteúdo da consciência faz a consciência, e essa consciência vem se desenvolvendo ao longo do tempo, passando por tremendas experiências, dores, sofrimentos. Poderemos nos livrar de tudo isso, de toda a sensação de medo? Porque onde há medo não há amor. A sensibilidade não pode existir se houver o tempo todo atividade autocentrada e, sem essa sensibilidade, não pode haver amor. E não há amor quando não há beleza. A beleza só existe quando floresce a bondade.

Vejamos o que é a beleza — não a beleza da forma, que também é linda, a beleza de uma árvore adorável, a beleza de um gramado verde, a beleza de uma montanha, sua majestade projetada contra o céu azul, a beleza de um ocaso, a beleza de uma flor solitária crescendo numa calçada. Não estamos sendo românticos nem sentimentais. Estamos inquirindo juntos o que é a beleza. Vocês têm esse sentido de beleza em sua vida, ou esta é medíocre, sem sentido, uma eterna batalha da manhã à noite? O que é a beleza? Ela não é uma questão sensual nem uma questão sexual. É uma questão muito séria, porque, sem beleza no coração, vocês não podem florescer em bondade. Vocês já contemplaram uma montanha ou o mar azul sem tagarelar, sem fazer ruídos, prestando de fato atenção no mar azul, na beleza da água, na beleza da luz sobre uma faixa de água? Quando vocês vêem essa beleza extraordinária da terra, com seus rios, lagos, montanhas, o que de fato acontece? O que acontece quando vocês vêem algo maravilhosamente belo: uma estátua, um poema, um lírio na fonte ou um gramado bem cuidado? Nesse momento, a própria majestade da montanha faz com que vocês se esqueçam de si mesmos. Isso já aconteceu com vocês? Se sim, vocês viram que nesse instante vocês deixam de existir e só existe aquela grandeza. Porém, segundos ou um minuto depois, todo o ciclo recomeça, a confusão, a tagarelice. Assim, a beleza *existe* quando vocês não existem. É uma tragédia se vocês não percebem isso. A verdade *existe* quando vocês não existem. A beleza existe, o amor existe, quando vocês não existem. Não somos capazes de olhar para essa coisa extraordinária chamada verdade.

Pode a humanidade fazer um dia cessar o sofrimento, não só o sofrimento pessoal como o da própria humanidade? Pensem em todos os homens e mulheres mutilados, feridos num milhar de guerras. Há sofrimento no mundo, um sofrimento global, e há o sofrimento de cada um de vocês; não são sofrimentos distintos entre si. Por favor, percebam isso. Posso sofrer porque o meu filho morreu. Também tenho consciência da morte da mulher do meu vizinho. O mesmo acontece no mundo inteiro. Tem sido assim há milênios, há milhares e milhares de anos, e jamais fomos capazes de resolver isso. Podemos escapar a isso, podemos realizar rituais e cerimônias, inventar todo tipo de teorias, dizer que é carma, que vem do nosso passado — mas o sofrimento está presente, não apenas o de vocês como o de toda a humanidade. Pode um dia o sofrimento acabar ou é da condição da humanidade que ele continue desde tempos imemoriais até o fim dos tempos? Se aceitarem que essa é a condição — o que espero que não aconteça — , vocês vão continuar a sofrer interminavelmente. Vocês se acostumarão com isso, como a maioria de nós. Mas se não o aceitarem, qual vai ser a sua posição? Vocês vão dedicar algum tempo a acabar com esse sofrimento? Vocês são o passado, o presente e o futuro. Vocês são isso. São os senhores do tempo, e podem tanto encurtá-lo como alongá-lo. Se são violentos e dizem "Vou me tornar não-violento", estão estendendo o tempo. Durante esse intervalo de tempo, estão sendo violentos e não há fim para essa atividade. Quando se dão conta de que são os senhores do tempo, de que o tempo está nas mãos de vocês, o que é uma coisa extraordinária para descobrir, isso significa que vocês encaram o fato da violência. Vocês não procuram a não-violência, mas encaram o fato da violência e, nessa observação não há nem o observador nem todo o acúmulo do passado, há somente a pura observação. Aí não existe o tempo.

Vocês estão fazendo isso? Enquanto o conferencista está falando sobre isso, vocês estão vendo a verdade disso e, portanto, fazendo isso? Suponham que eu tenha um hábito particular, físico ou psicológico; esse hábito pode terminar imediatamente? Ou preciso de tempo para acabar com um hábito? Suponha que vocês fumem; vocês podem acabar imediatamente com esse hábito? O anseio do corpo por nicotina é diferente da percepção de que vocês são os senhores do tempo. Vocês podem encurtar o tempo; logo, essa percepção não é uma decisão de não fumar.

Vejam bem: só quando a tristeza se acaba há paixão. Paixão não é luxúria. A luxúria é sensual, sexual, cheia de desejo, de imagens, de buscas de prazer, etc. A paixão não. É preciso ter paixão para criar — não bebês —, para gerar um mundo diferente, seres humanos diferentes no mundo, para mudar a sociedade em que vocês vivem. Sem essa tremenda paixão, fica-se medíocre, amolecido, confuso, sem integridade.

Meu filho morreu e eu sofro. Choro. Vou a todos os templos do mundo. Pus todas as minhas esperanças nesse filho e ele se foi. Tenho o desejo ardente de que ele venha a viver alhures e espero encontrá-lo na próxima vida ou seja lá onde for. Estamos sempre às voltas com isso. O sofrimento é muito doloroso. As lágrimas, o conforto das pessoas e minha própria busca de conforto longe dessa dor não resolvem a dor, a tremenda sensação de solidão. Logo, posso olhar para a dor, ficar com ela, sem possibilidade de fuga, sem nenhum tipo de explicação racional para a morte do meu filho? Sem procurar a reencarnação ou outra coisa qualquer, posso permanecer completo, íntegro, com esse sentimento de grande dor? Então o que acontece?

Espero que vocês estejam fazendo isso junto comigo. Não se limitem a ouvir. Ninguém está lhes dizendo o que fazer. Não se trata de uma brincadeira intelectual; trata-se da nossa vida, da nossa existência cotidiana. A pessoa que vocês amam pode ir-se embora, e há ciúme, ansiedade, ódio. Esta é a nossa vida e nós sofremos.

Se o meu filho morreu, não posso tolerar a idéia de que ele se foi. Sem nenhum sentimento, sem nenhuma emoção, posso permanecer com essa dor, a dor da solidão? A maioria de nós conhece a solidão. Essa solidão se manifesta quando se está totalmente isolado de todo tipo de relacionamento. Você se vê de súbito no meio da multidão, mas está profundamente solitário, sozinho. É parte do sofrimento deparar com esse estado? Quando o meu filho morre, fico solitário. Posso olhar a solidão, observar essa solidão sem lembranças do passado e observar sem o observador? Vamos falar sobre isso.

Quando se está irritado, no momento da raiva, que é uma reação, não há observador nem observado. Vocês já perceberam isso? Há apenas a reação chamada *raiva*. Minutos ou segundos depois, o observador diz: "Fiquei com raiva." Assim, o observador se separa da raiva e diz: "Fiquei com raiva." Mas o observador é o observado. A raiva não é diferente de mim; eu sou a raiva. Eu sou a cobiça. Eu sou o terror. Eu sou tudo isso. Todavia, o pensamento diz: "Tenho de controlar, tenho de escapar do medo." Assim, o pensamento cria o observador como algo distinto do observado e nesse estado há conflito. Mas o fato é que o observador é o observado. A raiva é você; a raiva não é diferente de você. Do mesmo modo, quando perco o meu filho, estou nesse estado, observando sem nenhum movimento do pensamento, o que equivale a dar total atenção àquilo que denominamos *dor*, à coisa chamada *solidão* que produz esse desespero, essa atividade neurótica. Posso permanecer com esse sentido de sofrimento, de dor e de choque intensos, sem nenhum movimento ou sombra de pensamento? Isso é dar-lhe total atenção. Não se pode dar-lhe total atenção se se estiver fugindo dele; isso é uma perda de energia. Em contraste, se você dá total atenção, toda a energia se concentra num ponto que vocês chamam de sofrimento. Quando fazem isso, vocês compreendem toda a significação, toda a profundidade e toda a beleza de um fato tão extraordinário. E então o sofrimento cessa. Quando há o fim do sofrimento, surge a paixão. E, com o fim do sofrimento, há amor.

O que é o amor? Vocês já se perguntaram? Vocês já perguntaram ao marido ou à mulher o que é o amor? Vocês não se atreveriam! Amo alguém. Vocês sabem o que isso significa? O amor é desejo? O amor é prazer? O amor é apego? Façam-me o favor de considerar tudo isso. O amor é ciúme? Ou será que o amor agora se tornou um ato sexual? Vamos juntos ver que qualidade tem a mente ou cérebro que ama. Vocês amam seus filhos ou sentem-se responsáveis por eles como sua obrigação? Vocês já se perguntaram alguma vez se amam seus filhos? Vocês dirão "claro que sim", mas estamos fazendo a pergunta seriamente. Se amassem seus filhos, vocês desejariam que eles fossem o que vocês são? Ou quereriam que eles fossem totalmente diferentes de vocês? Vocês desejariam que eles seguissem o seu negócio, sua profissão? Porque você é um industrial, você quer que seu filho também seja? Ou vocês se preocupam em vê-lo crescer em bondade, florescer em beleza? Ou o estão preparando para a guerra, para matar e morrer? Será que tudo isso é amor? Será que vocês dirão: "Não podemos deixar de ser o que somos. Não podemos ajudar nossos filhos. Nós os mandamos à escola e a coisa pára aí." Vocês só querem que eles se casem, se estabeleçam — tal como vocês fizeram — na mediocridade, com falta de integridade, dizendo uma coisa e fazendo outra, indo ao templo e sendo excelentes advogados. Isso é uma contradição. Vocês querem que seus filhos sejam assim? Se vocês os amassem, vocês fariam isso?

Existe amor em algum lugar do mundo? O amor é ciúme? É apego? Se estou apegado à minha mulher, que tragédia são todas as coisas, não? Quais as implicações desse apego? Isso é amor? Se estou apegado a ela, dependo dela, tanto física como psicologicamente; ela me ajuda, eu a ajudo. Fico aterrorizado com a possibilidade de que ela me deixe. Fico ansioso com a possibilidade de ela me deixar. Ela não pode olhar para outro homem, tem de permanecer fiel a mim. Tenho de possuí-la, dominá-la. E ela deseja ser possuída e dominada. Será amor isso em que há medo, ciúme, ódio, antagonismo? Será que todas essas coisas são amor?

Negar, contestar tudo aquilo que não seja amor é amor. Assim negamos completamente o ciúme, o apego, toda forma de possessividade. Dessa total negação vem o amor. Por meio da negação se chega ao positivo. E o mais positivo é o amor. Uma das coisas mais estranhas acerca do amor é que, se você ama, tudo o que fizer será correto. Quando há amor, a ação é sempre correta, em qualquer circunstância. E quando há essa qualidade do amor, há compaixão. Compaixão significa paixão por todos. A compaixão não pode existir, nem o amor, se se pertencer a alguma seita, a algum grupo ou a alguma religião organizada. A compaixão só vem quando nos libertamos de tudo isso. E essa compaixão tem sua própria inteligência ilimitada. Quando há amor, há beleza. O amor e a compaixão, com sua inteligência, são a verdade infinita. Para essa verdade, não há caminho — nenhuma Carma Ioga, Bhakti Ioga, etc. —, não há caminho para a verdade. Somente quando há esse imenso sentido de compaixão que vem com a cessação do sofrimento, então, nesse momento, aquilo que existe é a verdade.

Com Jovens na Índia: extraído de Life Ahead

Vamos falar um pouco sobre o amor; vamos descobrir se, por trás dessa palavra e desse sentimento — que tanta significação tem para todos nós —, há também aquele elemento peculiar de apreensão, de ansiedade, aquilo que os adultos conhecem como solidão.

Vocês sabem o que é o amor? Vocês amam seu pai, sua mãe, seu irmão, seu professor, seu amigo? Vocês sabem o que significa amar? Quando vocês dizem que amam os seus pais, o que isso significa? Vocês sentem-se seguros com eles, sentem-se à vontade com eles. Seus pais os estão protegendo, estão dando a vocês dinheiro, abrigo, comida e roupas, e vocês têm com eles uma sensação de relacionamento íntimo, não é? Vocês também sentem que podem confiar neles — ou não. Talvez não falem com eles tão fácil e alegremente como falam com os amigos. Mas vocês os respeitam, são orientados por eles, obedecem a eles, têm um certo sentimento de responsabilidade para com eles, um sentimento de que devem apoiá-los quando eles envelhecerem. Eles, por sua vez, amam vocês, querem protegê-los, orientá-los, ajudá-los — ao menos é o que afirmam. Eles querem casá-los para que vocês levem a chamada vida moral e fiquem longe dos problemas, de modo que vocês tenham um marido para cuidar de vocês ou uma mulher para cozinhar e criar seus filhos. Tudo isso é chamado de amor, não é?

Não podemos dizer prontamente o que é o amor, porque o amor não é explicado de maneira imediata por meio de palavras. Ele não vem ao nosso encontro com facilidade. No entanto, sem amor, a vida é muito estéril; sem amor, as árvores, os pássaros, o sorriso dos homens e das mulheres, a ponte sobre o rio, o barqueiro e os animais, não têm sentido. Sem amor, a vida é como um poço raso. Num rio fundo, há riqueza e muitos peixes podem viver; mas o poço raso logo seca ao sol forte, e só resta lama e sujeira.

Para a maioria de nós, o amor é uma coisa extraordinariamente difícil de compreender, porque a nossa vida é muito vazia. Queremos ser amados e queremos amar e, por trás dessa palavra, espreita um medo. Assim sendo, não é muito importante para cada um de nós descobrir o que essa coisa extraordinária realmente é? E só podemos fazer isso se tivermos consciência da maneira pela qual encaramos os outros seres humanos, as árvores, os animais, um estranho, um homem faminto. Temos de saber como encaramos os nossos amigos, nosso guru, se tivermos um, como encaramos os nossos pais.

Quando vocês dizem "amo meu pai e minha mãe, amo o meu tutor, o meu mestre", o que isso significa? Quando vocês respeitam muito alguém e o vêem como superior, quando sentem que é dever de vocês obedecer a eles, e eles, por sua vez, esperam a obediência de vocês, isso é amor? O amor é apreensivo? É certo que, quando você vê alguém como superior, vê também a outro como inferior. E amor é isso? Há no amor algum sentido de ver o outro como superior ou inferior, alguma compulsão de obedecer ao outro?

Quando dizem que amam alguém, vocês não dependem interiormente dessa pessoa? Enquanto são crianças, naturalmente vocês dependem do pai, da mãe, do professor, do tutor. Precisam que cuidem de vocês, que lhes dêem comida, roupa e abrigo. Precisam de uma sensação de segurança, um sentimento de que alguém está cuidando de vocês. Mas o que geralmente acontece? Quando nos tornamos adultos, esse sentimento de dependência continua. Vocês não percebem isso nas pessoas mais velhas, nos seus pais ou professores? Nunca viram como elas dependem emocionalmente do marido, da mulher, dos filhos, dos seus próprios pais? Quando cresce, a maioria das pessoas ainda se apega a alguém; elas continuam a ser dependentes. Sem alguém em quem se apoiar, que lhes dêem um sentido de conforto e de segurança, elas sentem-se sozinhas. Sentem-se perdidas. Sua dependência em relação ao outro recebe o nome de amor; mas se vocês a observarem cuidadosamente, verão que a dependência é medo, e não amor.

A maioria das pessoas tem medo de ficar sozinha; tem medo de resolver as coisas por si mesmas, tem medo de sentir profundamente, de explorar e descobrir o verdadeiro significado da vida. Logo, as pessoas dizem que amam a Deus e dependem daquilo que chamam de Deus; contudo, não se trata de Deus, o desconhecido, mas de uma coisa criada pela mente.

Fazemos o mesmo com um ideal ou uma crença. Creio em alguma coisa ou me apego a um ideal, e isso me dá grande conforto; mas se me tiram a crença ou o ideal, fico perdido. O mesmo acontece com relação a um guru. Dependo porque quero receber, e por isso há a dor do medo. Isso se aplica também quando vocês dependem dos pais ou professores. É natural e correto que seja assim quando se é jovem; mas se se continua a depender na maturidade, isso torna a pessoa incapaz de pensar, de ser livre. Onde há dependência, há medo; e onde há medo, há autoridade e não há amor. Quando seus pais dizem que vocês devem obedecer, que devem seguir determinadas tradições, que têm de aceitar somente um dado emprego ou fazer apenas certo tipo de trabalho — em tudo isso não há amor. E não há amor no coração de vocês quando vocês dependem da sociedade — no sentido de aceitar a estrutura da sociedade tal como é, sem questionar.

Homens e mulheres ambiciosos não sabem o que é o amor, e somos dominados por pessoas assim. Eis por que não há felicidade no mundo e por que é importante que vocês, enquanto crescem, percebam e compreendam tudo isso, descobrindo por si mesmos se é possível saber o que é o amor. Vocês podem ter uma boa posição, uma casa muito bonita, um maravilhoso jardim, roupas; podem vir a ser o primeiro-ministro; porém, sem amor, nada disso tem sentido.

Portanto, vocês têm de começar a descobrir agora — não esperem até envelhecer, porque, então, não irão descobrir — o que de fato sentem no relacionamento com os pais, com os professores, com o guru. Vocês não podem simplesmente aceitar a palavra *amor*, nem qualquer outra palavra; têm de espreitar sob o sentido das palavras para ver a realidade — sendo esta o que vocês de fato sentem e não o que se espera que sintam. Se se sentem ciumentos ou irados, dizer "Não devo ter ciúme nem raiva" não passa de um desejo, algo sem realidade. O que importa é ver de modo bem honesto e claro exatamente o que estão sentindo no momento, sem introduzir o ideal de como deveriam se sentir ou de como vão se sentir numa data futura; porque, agindo dessa maneira, vocês poderão fazer alguma coisa quanto a isso. Mas dizer "Tenho de amar meus pais, tenho de amar meus professores" não tem sentido. Porque os seus verdadeiros sentimentos são diferentes, e essas palavras passam a ser telas atrás das quais vocês se escondem.

Logo, não é inteligente olhar para além do sentido aceito das palavras? Palavras como *dever, responsabilidade, Deus, amor* adquiriram um sentido tradicional; mas a pessoa inteligente, a pessoa verdadeiramente educada, lança um olhar que ultrapassa esse sentido. Por exemplo, se alguém lhes disser que não acredita em Deus, vocês vão ficar chocados, não é? Vocês dirão "Meus Deus, que horror!" porque acreditam em Deus — ao menos pensam que sim. Mas acreditar ou não acreditar tem muito pouco sentido. O que importa é que vocês vão além da superfície da palavra *amor* para ver se de fato amam seus pais e se eles efetivamente amam vocês. Está claro que, se vocês e seus pais de fato se amassem, o mundo seria inteiramente diferente. Não haveria guerras, pessoas morrendo de fome nem diferenças de classe. Não haveria ricos nem pobres. Vejam bem, sem amor tentamos reformar a sociedade em termos econômicos, tentamos acertar as coisas; mas enquanto não tivermos amor no coração, não poderemos implantar uma estrutura social livre de conflitos e de angústia. Eis por que temos de tratar dessas coisas com muito cuidado, e talvez assim descubramos o que é o amor.

Questionador: Por que há sofrimento e angústia no mundo?

Krishnamurti: Eu me pergunto se esse garoto sabe o que significam essas palavras. Ele provavelmente viu um jumento carregando uma carga excessiva, com as pernas prestes a quebrar, outro garoto chorando ou uma mãe batendo no filho. Pode ser que tenha visto pessoas mais velhas brigando. E a morte, o corpo sendo levado para a cremação; mendigos, pobreza, doença, velhice; o sofrimento, não só fora como dentro de nós. E ele então pergunta: "Por que existe sofrimento?" Vocês também não querem saber? Vocês algum dia já refletiram sobre a causa de seu próprio sentimento? O que é o sofrimento e por que ele existe? Se quero algo e não posso tê-lo, sinto-me mal; se quero ter mais *saris,* mais dinheiro, ser mais bonito, e não posso obter o que quero, fico infeliz. Se quero amar uma certa pessoa e ela não me ama, fico angustiado. Meu pai morre e eu sofro. Por quê?

Por que nos sentimos infelizes quando não conseguimos o que queremos? Por que deveríamos necessariamente ter o que queremos? Pensamos ser nosso direito, não é? Mas será que algum dia já nos perguntamos por que deveríamos ter tudo o que queremos quando há milhões que não têm sequer aquilo de que precisam? E, além disso, por que queremos o que queremos? Existe a nossa necessidade de alimento, de abrigo e de roupas; mas não nos satisfazemos com isso. Queremos muito mais. Queremos sucesso, queremos ser respeitados, amados, cuidados, queremos ter poder, ser poetas famosos, santos, oradores, primeiros-ministros e presidentes. Por quê? Vocês já pensaram nisso? Por que queremos todas essas coisas? Não que devamos nos satisfazer com aquilo que somos. Não estou dizendo isso. Isso seria uma bobagem, uma tolice. Mas qual a razão desse constante anseio por mais e mais? Ele indica que estamos insatisfeitos, descontentes, mas com o quê? Com aquilo que somos? Sou isso, não gosto disso e desejo ser aquilo. Sinto que serei muito mais bonito com um novo capote ou um novo *sari*, e por isso os quero. Isso significa que não estou satisfeito com o que sou, e acredito poder fugir ao meu descontentamento conseguindo mais roupas, mais poder, etc. Contudo, a insatisfação continua presente, não é mesmo? Eu apenas a encobri com roupas, com o poder, com carros.

Por conseguinte, temos de descobrir como compreender aquilo que somos. Cobrir-nos simplesmente de posses, de poder e de posição não tem sentido, porque ainda vamos continuar infelizes. Vendo isso, a pessoa infeliz, a pessoa que sofre, não deve correr para gurus nem se esconder no que tem, no poder; pelo contrário, ela deve querer saber o que está por trás do seu sofrimento. Se olharem o que há por trás do sofrimento, vocês vão descobrir que são muito pequenos, vazios, limitados, e que estão lutando para realizar, para vir a ser. Essa mesma luta para alcançar alguma coisa, para tornar-se algo, é a causa do sofrimento. Mas se começarem a compreender o que de fato são, se mergulharem nisso cada vez mais profundamente, vocês vão ver que acontece algo muito diferente.

Questionador: Se um homem passa fome e sinto que posso lhe ser útil, isso é ambição ou amor?
Krishnamurti: Tudo depende do motivo pelo qual você o ajuda. Dizendo que é a favor de ajudar o homem pobre, o político vai para

Nova Delhi, vive numa casa imensa e se exibe. Isso é amor? Você compreende? Isso é amor?

Questionador: Se alivio a fome do homem com minha solicitude, isso não é amor?

Krishnamurti: Ele está morrendo de fome e você o ajuda com comida. Isso é amor? Você tem como única motivação, como único incentivo, o desejo de ajudá-lo? Você não obtém nenhum benefício com isso? Reflita sobre isso; não diga sim ou não. Se está procurando obter algum benefício disso, político ou de outra espécie, alguma vantagem interior ou exterior, você não o ama. Se o alimenta a fim de se tornar mais popular ou na esperança de que seus amigos o ajudem a chegar a Nova Delhi, isso não é amor, é? Mas se o amar, você vai alimentá-lo sem nenhum motivo ulterior, sem querer coisa alguma em troca. Se você o ajudar e ele mostrar-se ingrato, isso vai magoar você? Se vai, você não o ama. Se ele disser a você e a toda a cidade que você é uma pessoa maravilhosa e você se sentir lisonjeado com isso, você estará pensando em si mesmo; e isso por certo não é amor. Logo, temos de estar bem alertas para ver se não estamos derivando algum tipo de benefício da nossa solicitude, e para descobrir o que nos leva a alimentar os famintos.

Saanen, 18 de Julho de 1968: Extraído de Talks and Dialogues in Saanen 1968

Para examinar o prazer, esse fator tão importante da vida, temos também de compreender o que é o amor; e, para compreendê-lo, teremos igualmente de descobrir o que é a beleza. Logo, há três coisas envolvidas: há o prazer; há a beleza, acerca da qual falamos e sentimos muita coisa; e há o amor — uma palavra muito gasta. Faremos isso passo a passo, com diligência mas de modo hesitante, porque um campo muito vasto da existência humana é recoberto por essas três coisas. E chegar a alguma conclusão, dizer "Isso é o prazer" ou "Não se deve ter prazer", ou "Isso é o amor", "Isso é a beleza", exige, na minha opinião, a mais clara compreensão e sentimento da beleza, do amor e do prazer. Por isso, se formos sábios, evitaremos toda fórmula, toda conclusão, toda apreensão definida com relação a esse tema profundo. Entrar em contato com a verdade profunda desses três tópicos não é uma questão de intelecção nem de definição de palavras, nem algum sentimento vago, místico ou parapsicológico.

Para a maioria de nós, o prazer e a sua expressão se revestem de muita importância. A maioria dos nossos valores morais se baseia nele, no prazer último ou imediato; nossas tendências hereditárias e psicológicas, bem como nossas reações físicas e neurológicas baseiam-se no prazer. Se examinarem não apenas os valores e juízos exteriores da sociedade, mas também o interior de vocês mesmos, vocês verão que o prazer e sua avaliação constituem o principal objeto das buscas que empreendemos na vida. Podemos resistir, podemos nos sacrificar, podemos realizar ou negar, mas no final há sempre esse sentimento de prazer, satisfação, contentamento; de termos sido agraciados ou gratificados. A auto-expressão e a auto-realização constituem formas de prazer; e quando esse prazer é tolhido, bloqueado, há medo, e desse medo vem a agressão.

Por favor, observem-no em si mesmos. Vocês não estão simplesmente ouvindo um monte de palavras e de idéias; elas não têm sentido. Vocês podem ler num livro uma explicação psicológica sem nenhum valor. Mas se investigarmos juntos, passo a passo, vocês verão por si mesmos que coisa extraordinária resulta disso.

Tenham em mente que não estamos dizendo que não se deve ter prazer, que o prazer é errado, como fazem os vários grupos religiosos do mundo. Não dizemos que se deva suprimir, negar, controlar, traduzir para um nível superior e todo esse tipo de coisas. Estamos apenas examinando. E se pudermos fazer um exame bem objetivo e profundo, daí virá um estado mental que contém uma bem-aventurança, mas não prazer; a bem-aventurança é inteiramente diferente.

Sabemos o que é o prazer: olhar uma bela montanha, uma árvore adorável, a luminosidade de uma nuvem caçada pelo vento céu afora, a beleza do rio com sua límpida correnteza. Há muito prazer em ver essas coisas, bem como em contemplar o belo rosto de um homem, de uma mulher ou de uma criança. Todos conhecem o prazer advindo do tato, do paladar, da visão e da audição. E quando esse prazer intenso é alimentado pelo pensamento, há a reação, a ação oposta, que é agressão, desforra, raiva, ódio, nascida da sensação de não poder obter o prazer procurado; e, portanto, o medo, que também é bastante óbvio se vocês observarem. Todo tipo de experiência é alimentado pelo pensamento, o prazer de uma experiência passada, tenha ela sido sensual, sexual, visual, etc. O pensamento elabora, mastiga o prazer, se lança sobre ele, criando uma imagem ou quadro que o alimenta, que o nutre. O pensamento sustenta esse prazer de ontem, dá-lhe continuidade hoje e amanhã. Observem isso. E quando o prazer alimentado pelo pensamento é inibido pela circunstâncias, por encontrar várias espécies de obstáculos, o pensamento se revolta, transforma sua energia em agressão, em ódio, em violência, que são outras modalidades de prazer.

A maioria de nós busca o prazer mediante a auto-expressão. Queremos nos expressar, tanto em pequenas como em grandes coisas. O artista quer expressar-se na tela, o autor em livros, o músico no uso de um instrumento e assim por diante. Será que essa auto-expressão — da qual se obtém um grande montante de prazer — é beleza? Quando se exprime, o artista tira disso prazer e intensa satisfação. Isso é beleza? Ou, como ele não pode exprimir por inteiro na tela ou em palavras o que sente, há descontentamento, que é outra forma de prazer?

Portanto, a beleza é prazer? Quando há auto-expressão em qualquer de suas formas, é por acaso transmitida beleza? O amor é prazer? O amor hoje tornou-se praticamente sinônimo de sexo e de sua expressão, bem como de tudo o que está envolvido — o esquecimento de si mesmo, etc. Quando o pensamento extrai imenso prazer de alguma coisa, será que isso é amor? Quando impedido, ele se torna ciúme, raiva, ódio. O prazer envolve domínio, posse, dependência e, portanto, medo. E então a pessoa pergunta a si mesma: Será o amor prazer? Será o amor o desejo em todas as suas formas sutis — de sexo, de companhia, de ternura, de esquecimento de si mesmo? Será tudo isso amor? E se não for, o que é o amor?

Se observaram a mente de vocês operando, tomando consciência de cada atividade do cérebro, vocês perceberam que desde o começo dos tempos, desde o princípio, o homem tem buscado o prazer. Se observaram o animal, vocês viram como o prazer é uma coisa extraordinária, bem como a busca do prazer e a agressão que se manifesta quando o prazer encontra obstáculos.

Somos feitos com base nisso; nossos juízos, nossos valores, nossas exigências sociais, nossos relacionamentos, e assim por diante, têm como base esse princípio essencial do prazer e de sua auto-expressão. E quando isso encontra barreiras, quando é controlado, desviado, impedido, vem a raiva, vem a agressão, que se torna outra forma de prazer.

Que relação tem o prazer com o amor? Ou: haverá alguma relação entre o prazer e o amor? Será o amor algo completamente diferente? Será ele algo não fragmentado pela sociedade, pela religião — como profano e divino? Como vocês vão proceder para descobrir? Como vão fazer para descobrir por si mesmos, sem que ninguém lhes diga? Se alguém lhes disser o que ele é e vocês disserem "Sim, está certo", não se tratará de algo seu, de algo que vocês mesmos descobriram e sentiram profundamente por si mesmos.

Qual o relacionamento do prazer da auto-expressão com a beleza e o amor? O cientista, o filósofo, o tecnólogo têm de conhecer a verdade das coisas. Para um ser humano preocupado com a vida diária, com ganhar a vida, com a família, etc., será que a verdade é uma coisa estática? Ou é uma coisa que nunca pára, nunca é permanente, mas sempre se move, uma coisa que se descobre à medida que se caminha? A verdade não é um fenômeno intelectual, nem uma questão emocional ou sentimental. E temos de descobrir a verdade do prazer, a verdade da beleza e a realidade do que é o amor.

Já vimos a tortura do amor, a dependência em relação a ele, o medo dele, a solidão por não ser amado e a sua eterna busca em todo gênero de relacionamentos, nunca encontrando neles a completa satisfação. E perguntamos: será o amor satisfação e, ao mesmo tempo, uma tortura gerada pelo ciúme, pela inveja, pelo ódio, pela raiva, pela dependência?

Quando não há beleza no coração, vamos a museus e concertos. Maravilhamo-nos com a beleza dos antigos templos gregos com suas lindas colunas, suas proporções projetadas sobre o fundo azul do céu. Falamos interminavelmente a respeito da beleza; perdemos por inteiro o contato com a natureza na qualidade de homens modernos, que vivem cada vez mais nas cidades. Há sociedades constituídas para ir ao campo olhar pássaros, árvores e rios, como se a formação de sociedades com esse fim nos levasse a tocar a natureza e entrar num contato extraordinário com sua imensa beleza! É por termos perdido o contato com a natureza que as pinturas, os museus e os concertos assumem tamanha importância.

Há um vazio, um sentido de vacuidade interior que sempre procura a auto-expressão e o prazer e que, portanto, gera o medo de não tê-los por inteiro, sendo essa a causa da resistência, da agressão. Tentamos preencher esse vazio interior, essa vacuidade e esse sentido de extremo isolamento e solidão — que tenho certeza que vocês já sentiram — com livros, com o conhecimento, com relacionamentos, com todo tipo de embustes; porém, no final, ainda há esse invencível vazio. E nos voltamos para Deus, o último recurso. Quando há esse vazio e temos essa sensação de um vazio profundo e insondável, será possível haver amor, haver beleza? Se se tem consciência desse vazio e não se foge dele, o que se deve fazer? Tentamos preenchê-lo com deuses, com conhecimento, com experiência, com música, com quadros, com extraordinárias informações tecnológicas; eis o que nos ocupa da manhã à noite. Quando se vê que esse vazio não pode ser preenchido por nenhuma pessoa, percebe-se a importância disso. Se vocês o preenchem com aquilo que se chama *relacionamento* com outra pessoa ou com uma imagem, disso advém a dependência e o medo da perda e, portanto, a posse agressiva, o ciúme e tantas outras coisas desse tipo. E a pessoa pergunta a si mesma: pode esse vazio ser preenchido por alguma coisa, pela atividade social, pelas boas obras, indo-se a um mosteiro meditar, treinando a própria percepção e consciência — o que é um absurdo? Se não se pode preenchê-lo, o que se deve fazer? Vocês compreendem a importância dessa pergunta? Tem-se tentado preencher esse vazio com aquilo que se denomina prazer, por meio da auto-expressão, da busca da verdade, da busca de Deus; a pessoa se dá conta de que nada poderá preenchê-lo, nem a imagem que ela criou de si mesma nem a imagem ou ideologia criadas acerca do mundo, nada. E, assim, a pessoa esteve usando a beleza, o amor e o prazer para encobrir esse vazio — e se a pessoa não mais lhe escapar, mas permanecer com ele, o que deverá ela fazer?

O que é essa solidão, esse sentido de profundo vazio interior? O que é ela e como vem a existir? Deve ela a sua existência ao fato de tentarmos acabar com ela ou escapar dela? Será que ela existe porque a tememos? Será apenas uma idéia do vazio e, por isso, a mente jamais entra em contato com o que este de fato é, nunca tem uma relação direta com ele?

Descubro esse vazio em mim e paro de fugir, por ser a fuga uma atividade evidentemente imatura. Tenho consciência dele, ele está aí e nada pode preenchê-lo. Ora, eu me pergunto: como isso veio a existir? Terá sido gerado pela minha própria vida, por todas as minhas atividades e suposições cotidianas, etc.? Será que o *eu*, o *si mesmo*, o *ego*, ou seja qual for a palavra usada, está se isolando em todas as suas atividades? A própria natureza do "si-mesmo", do "eu" e do "ego" é isolamento; ela separa. Todas essas atividades geraram em mim o estado de isolamento, esse estado de profundo vazio. Logo, ele é um resultado, uma conseqüência, e não uma coisa inerente. Vejo que enquanto a minha atividade girar em torno de mim mesmo ou se expressar em torno de mim mesmo, terá de haver esse vazio, e vejo também que, para preencher esse vazio, empreendi todo tipo de esforço, o que também é algo que tem a mim como centro, tendo levado o vazio a se aprofundar e se ampliar.

Será possível ir além desse estado? Não pelo expediente de escapar dele, dizendo "Não vou ter a mim mesmo como centro". Quando digo "Não vou ter a mim mesmo como centro" estou fazendo justamente isso. Quando se faz um esforço de vontade para negar a atividade do eu, essa mesma vontade é o fator de isolamento.

A mente foi condicionada durante muitos séculos em sua exigência de segurança e proteção; ela construiu de modo fisiológico e psicológico essa atividade autocentrada; esta última permeia a vida cotidiana — a *minha* família, o *meu* emprego, as *minhas* posses —, o que leva a esse vazio, a esse isolamento. Como fazer cessar essa atividade? Pode ela um dia chegar ao fim, ou temos de ignorá-la por inteiro e atribuir-lhe uma qualidade inteiramente distinta?

Assim percebo esse vazio, verifico como ele surgiu, tenho consciência de que a vontade ou qualquer outro esforço exercido para dissolver o criador desse vazio são apenas outra modalidade de atividade autocentrada. Vejo tudo isso com muita clareza e objetividade, e percebo de súbito que nada posso fazer quanto a isso. Antes, eu agi nesse sentido: fugi do vazio ou tentei preenchê-lo, procurei compreendê-lo, mergulhar nele, mas tudo isso eram formas de isolamento. De repente, me dou conta de que não posso fazer coisa alguma, de que quanto mais tento fazer algo, tanto mais crio e construo paredes de isolamento. A própria mente descobre que nada pode fazer, que não pode tocar isso, porque, no momento em que o toca, o pensamento volta a gerar o vazio. Assim, mediante a observação cuidadosa e objetiva, dou-me conta de todo esse processo, e o próprio fato de percebê-lo é suficiente. Vejam o que aconteceu. Antes, eu usava a energia para preencher esse vazio, eu vagava por toda parte, e agora percebo o absurdo disso — a mente vê muito claramente como isso é absurdo. Logo, agora não estou dissipando energia. O pensamento se aquieta; a mente fica completamente imóvel; ela viu todo o mapa da coisa e por isso há silêncio. Nesse silêncio não existe solidão. Quando há esse silêncio, esse silêncio completo da mente, há beleza e amor, que podem ou não exprimir-se.

Fizemos a jornada juntos? Estamos falando de uma das coisas mais difíceis e das mais perigosas; por que, se vocês forem neuróticos, o que a maioria de nós é, tudo ficará complicado e repulsivo. Trata-se de um problema imensamente complexo; porém, quando de fato nos damos conta dele, ele se torna muitíssimo simples, e sua própria simplicidade faz com que vocês pensem que o apreenderam.

Assim, há somente felicidade, que está além do prazer: há beleza, que não é a expressão de uma mente engenhosa, mas a beleza que se conhece quando a mente está em completo silêncio. Chove e vocês podem ouvir o tamborilar das gotas. Vocês podem ouvi-lo com os ouvidos ou a partir desse profundo silêncio. Se vocês o ouvem com o completo silêncio da mente, a beleza dele é tal que não pode ser expressa em palavras ou numa tela, porque essa beleza está além da auto-expressão. O amor, obviamente, é felicidade, que não é prazer.

Saanen, 5 de Agosto de 1962

Se for possível, eu gostaria de falar sobre o fim do sofrimento, porque o medo, o sofrimento e aquilo a que damos o nome de amor caminham sempre juntos. A não ser que compreendamos o medo, nunca poderemos compreender o sofrimento nem conhecer aquele estado de amor em que não há contradição nem atritos.

Fazer cessar por inteiro o sofrimento é algo muito difícil, porque o sofrimento sempre nos acompanha de uma ou de outra maneira. Por isso, eu gostaria de mergulhar profundamente nesse problema; mas minhas palavras vão ter pouco sentido a não ser que cada um de nós examine o problema em seu próprio íntimo, sem concordar nem discordar, mas simplesmente observando o fato. Se pudermos fazê-lo, de modo concreto e não teoricamente, talvez sejamos capazes de compreender a enorme importância do sofrimento e, assim, fazer com que ele se acabe.

Ao longo dos séculos, o amor e o sofrimento sempre andaram de mãos dadas, havendo por vezes o predomínio de um e, outras vezes, o do outro. Aquele estado que chamamos de amor logo passa e, novamente, vemo-nos nas garras dos nossos ciúmes, das nossas vaidades, dos nossos medos, das nossas angústias. Sempre houve essa batalha entre o amor e o sofrimento; e antes de podermos entrar na questão de como fazer cessar o sofrimento, penso que temos de compreender o que é a paixão.

❖

A paixão é algo que poucas pessoas já sentiram de fato. Podemos ter sentido entusiasmo, o que significa ser tomado por um estado emocional com relação a alguma coisa. A nossa paixão é *por* alguma coisa: pela música, pela pintura, pela literatura, por um país, por uma mulher, por um homem; ela é sempre o efeito de uma causa. Quando se apaixonam por alguém, vocês ficam num grande estado de emoção, que é o efeito dessa causa específica. E estou falando da paixão sem causa; trata-se de ser apaixonado por tudo e não por apenas uma coisa particular, ao passo que a maioria de nós tem paixão por uma pessoa ou coisa especial. Creio que devemos entender essa distinção com muita clareza.

No estado de paixão sem causa, há uma intensidade livre de todo apego; porém, quando a paixão tem causa, existe apego e o apego é o começo do sofrimento. A maioria de nós está apegada: a uma pessoa, a um país, a uma crença, a uma idéia; e quando o objeto do nosso apego nos é tirado ou vem a perder por alguma razão o seu sentido, vemo-nos vazios, insuficientes. E tentamos preencher esse vazio apegando-nos a alguma outra coisa, que novamente se torna o objeto da nossa paixão.

Façam-me o favor de examinar seus corações e mentes. Sou apenas o espelho no qual vocês se miram. Se não quiserem olhar, não há problema, mas se de fato o quiserem, olhem para si mesmos com clareza, sem concessões, com intensidade — não com a esperança de dissolver angústias, ansiedades, sentimentos de culpa, mas para compreender essa paixão extraordinária que sempre leva ao sofrimento.

Quando tem uma causa, a paixão torna-se luxúria. Quando há paixão por alguma coisa — por uma pessoa, por uma idéia, por algum tipo de realização —, vêm dessa paixão a contradição, o conflito, o esforço. A pessoa se empenha em alcançar ou manter uma situação particular, bem como em captar de novo um estado que existiu e se foi. Mas a paixão de que estou falando não gera contradição nem conflito. Ela não tem nenhuma relação com uma causa, não sendo, por conseguinte, um efeito.

Apenas escutem: não tentem alcançar esse estado de intensidade, essa paixão sem causa. Se pudermos escutar com atenção, com o sentido de tranqüilidade que vem quando a atenção não é forçada pela disciplina, mas nasce da simples premência de compreender, creio que descobriremos por nós mesmos o que é essa paixão.

Há na maioria de nós muito pouca paixão. Podemos ser luxuriosos, podemos ansiar por alguma coisa, podemos querer fugir de algo, e isso de fato nos dá certa energia. Mas se não despertarmos, se não descobrirmos por nós mesmos como chegar a essa chama da paixão sem causa, não poderemos compreender aquilo a que damos o nome de sofrimento. Para compreender algo, vocês têm de ter paixão, a intensidade da atenção integral. Onde há paixão por alguma coisa — que gera contradição, conflito —, essa pura chama da paixão não pode existir; e essa pura chama da paixão tem de existir para fazer cessar o sofrimento, para dissipá-lo por inteiro.

Sabemos que o sofrimento é um resultado; ele é o efeito de uma causa. Amo alguém e essa pessoa não me ama — eis um tipo de sofrimento. Quero atingir a realização numa dada direção, mas não tenho capacidade para isso; ou, se tenho capacidade, a saúde delicada ou algum outro fator bloqueia essa realização — eis outra forma de sofrimento. Há o sofrimento de uma mente pequena, de uma mente sempre em conflito consigo mesma, em incessante luta, ajuste, exame, em incessante amoldar-se. Há o sofrimento do conflito nos relacionamentos, bem como o sofrimento da perda de alguém por morte. Todos vocês conhecem essas várias formas de sofrimento, que são todas resultado de uma causa.

Ora, nunca encaramos o fato do sofrimento; estamos sempre tentando racionalizá-lo, afastá-lo de nós mediante a sua explicação; ou então nos apegamos a um dogma, a um padrão de crença que nos satisfaz, nos dá um conforto momentâneo. Algumas pessoas tomam drogas, outras bebem ou rezam — fazem qualquer coisa para amenizar a intensidade, a agonia do sofrimento. O sofrimento, e a eterna tentativa de livrar-se dele, são a parte que cabe a cada um de nós. Nunca pensamos em fazer cessar por completo o sofrimento, de modo que a mente em nenhum momento se veja presa da autocomiseração, na sombra do desespero. Não sendo capazes de fazer o sofrimento chegar ao fim, se somos cristãos cultuamos em nossas igrejas a agonia de Cristo. E quer vamos ao templo render culto ao símbolo do sofrimento, quer tentemos afastá-lo por meio de racionalizações ou esquecê-lo bebendo, a situação é uma só: estamos fugindo do fato de que sofremos. Não estou falando da dor física, que pode ser resolvida com facilidade pela medicina moderna. Estou falando do sofrimento da dor psicológica que impede a clareza e a beleza, dor que destrói o amor e a compaixão. Será possível fazer com que todo o sofrimento desapareça?

Creio que o fim do sofrimento está relacionado com a intensidade da paixão. Só pode haver paixão quando há total abandono de si mesmo. Nunca podemos ter paixão se não houver a completa ausência daquilo que chamamos de pensamento. Aquilo a que damos o nome de pensamento é a resposta dos vários padrões e experiências da memória, e onde existe essa resposta condicionada, não há paixão, não há intensidade. Só pode haver intensidade onde há a completa ausência do "eu".

Vocês sabem que há um sentido de beleza que nada tem que ver com o que é belo e com o que é feio. Não que a montanha não seja bela ou que não exista um prédio feio, mas há uma beleza que não é o oposto da feiúra, bem como um amor que não é o oposto do ódio. E o auto-abandono de que estou falando é um estado de beleza sem causa e, portanto, um estado de paixão. Será possível ir além daquilo que resulta de uma causa?

Dêem, por favor, toda a atenção a isto, a fim de apreender o sentido em vez de memorizar as palavras.

Vejam bem, a maioria de nós está sempre reagindo; a reação é o padrão dominante da nossa vida. Nossa resposta ao sofrimento é uma reação. Respondemos tentando explicar a causa do sofrimento ou fugindo dele, mas ele não desaparece. O sofrimento só desaparece quando enfrentamos o sofrimento como um fato, quando compreendemos e vamos além tanto da causa como do efeito. Tentar livrar-se do sofrimento por meio de uma prática particular, pelo pensamento deliberado ou entregando-se a uma das várias maneiras de fugir do sofrimento, não desperta na mente a extraordinária beleza, a vitalidade, a intensidade da paixão que inclui e transcende o sofrimento.

O que é o sofrimento? Ao ouvir essa pergunta, como vocês reagem? A mente tenta no mesmo instante explicar a causa do sofrimento e essa busca de uma explicação desperta a lembrança dos sofrimentos que vocês já tiveram. Logo, vocês estão sempre revertendo verbalmente ao passado ou avançando rumo ao futuro, num esforço por explicar a causa do efeito que denominamos sofrimento. Mas creio que temos de ir além de tudo isso.

Sabemos muito bem o que causa sofrimento — a pobreza, a saúde ruim, a frustração, a falta de amor e assim por diante. E quando explicamos as causas do sofrimento não acabamos com ele; não apreendemos de fato a extraordinária profundidade e significação do sofrimento, não mais do que compreendemos o estado a que damos o nome de amor. Creio que os dois — o amor e o sofrimento — estão relacionados entre si e que, para compreender o que é o amor, temos de sentir a imensidade do sofrimento.

Os antigos falavam de fazer cessar o sofrimento, e estabeleceram um modo de vida que se supõe capaz de obter isso. Muitas pessoas têm praticado esse modo de vida. Monges do Oriente e do Ocidente procuraram segui-lo, mas eles apenas se endureceram; sua mente e seu coração ficaram encarcerados. Eles vivem por trás das paredes do seu próprio pensamento ou de paredes de tijolos e pedra, mas não acredito que tenham ido além e sentido a imensidade daquilo que se chama sofrimento.

Fazer cessar o sofrimento é encarar o fato da própria solidão, do próprio apego, da exigência medíocre de fama, da própria fome de ser amado; é estar livre da preocupação consigo mesmo e da puerilidade da autocomiseração. E quando se foi além de tudo isso e talvez se tenha feito cessar o sofrimento pessoal, ainda existe o imenso sofrimento coletivo, o sofrimento do mundo. Podemos fazer cessar nosso próprio sofrimento enfrentando em nós mesmos o fato e a causa do sofrimento — e isso tem de acontecer para que a mente fique inteiramente livre. Mas quando se terminou toda essa tarefa, ainda há o sofrimento da extraordinária ignorância que existe no mundo — não de falta de informações, de conhecimento livresco, mas da ignorância do homem com relação a si mesmo. A falta de autocompreensão é a essência da ignorância, que gera essa imensidade de sofrimento que existe no mundo inteiro. O que é de fato o sofrimento?

Vejam bem: não há palavras que expliquem o sofrimento, não mais do que existem palavras para explicar o que é o amor. O amor não é apego, o amor não é o oposto do ódio, o amor não é ciúme. E quando se acabar com o ciúme, com a inveja, com o apego, com todos os conflitos e agonias por que se passa pensando que se ama

— quando tudo isso tiver acabado, ainda vai permanecer a questão sobre o que é o amor, bem como a questão do que é o sofrimento.

Vocês só vão descobrir o que é o amor, e o sofrimento, quando a mente de vocês tiver rejeitado todas as explicações e deixar de criar imagens, parar de procurar a causa, desistir de se entregar às palavras ou de retornar na memória aos seus próprios prazeres e dores. A mente tem de ficar em completa quietude, sem uma palavra, sem um símbolo, sem uma idéia. E então vocês vão descobrir — ou virá à existência — o estado em que aquilo que chamamos de amor, aquilo que chamamos de sofrimento e aquilo que chamamos de morte são a mesma coisa. Deixará de existir separação entre amor, sofrimento e morte; e não havendo divisão, haverá beleza. Mas para se compreender, para se ficar nesse estado de êxtase, tem de haver a paixão que vem com o total abandono de si mesmo.

Bombaim, 21 de Fevereiro de 1965

Para compreender o prazer, temos de nos aproximar dele a fim de aprender, e não para suprimi-lo ou para nos entregar a ele. Aprender sobre o prazer é uma disciplina que exige que nem nos entreguemos a ele nem o neguemos. A aprendizagem ocorre quando se compreende que, se há alguma forma de supressão, de negação, de controle, se deixa de aprender, não há aprendizagem. Logo, para compreender todo o problema do prazer, temos de abordá-lo com uma mente virgem. O prazer tem para nós uma extraordinária importância. Fazemos as coisas por prazer. Fugimos de tudo aquilo que cause sofrimento e reduzimos as coisas aos valores, aos critérios do prazer. Logo, o prazer desempenha um papel colossal em nossa vida, como um ideal, ou um homem que desiste da chamada vida do mundo a fim de encontrar outro tipo de vida — coisas que ainda se baseiam no prazer. E quando as pessoas dizem "Tenho de ajudar os pobres", e se lançam em reformas sociais, ainda se trata de um ato de prazer; elas podem encobri-lo dando-lhe o nome de *serviço,* de *bondade* e assim por diante, mais ainda é um ato da mente que busca prazer ou foge de tudo aquilo que cause um distúrbio a que ela dá o nome de *dor*. Se se observarem a si mesmos, vocês vão ver que é isso o que fazem na vida diária, a todo momento. Vocês gostam de alguém porque ele os lisonjeia, e não gostam de outra pessoa porque ela lhes diz algo verdadeiro de que vocês não gostam, criando assim um antagonismo; portanto, vocês vivem numa constante batalha.

Em conseqüência, é muito importante compreender aquilo a que se dá o nome de *prazer*. Designo por *compreender* o aprender a seu respeito. Há muito a aprender, porque todas as nossas reações sensoriais, todos os valores que criamos, todas as exigências — o chamado auto-sacrifício, a negação, a aceitação — se baseiam nessa coisa extraordinária, numa forma aprimorada ou grosseira de prazer. Comprometemo-nos com várias atividades — na qualidade de comunistas, de socialistas ou seja lá o que for — com base nisso, como acreditamos que, identificando-nos com uma atividade particular, com uma idéia específica, com um dado padrão de vida, teremos mais prazer, obteremos maiores benefícios; e esse valor, esse benefício, tem como base a identificação de nós mesmos com uma forma particular de atividade enquanto prazer. Façam-me o favor de observar tudo isso.

Vocês não estão apenas escutando as palavras, mas as estão escutando a fim de descobrir a verdade ou falsidade do que está sendo dito. O que está envolvido é a sua vida, sua vida cotidiana. A maioria de nós desperdiça essa coisa extraordinária chamada *vida*. Vivemos por quarenta ou sessenta anos, vamos ao escritório, envolvemo-nos com atividades sociais, escapando de várias maneiras, e, no final, nada temos senão uma vida vazia, embotada, estúpida, desperdiçada. É por isso que, se vocês quiserem começar do zero, é tão importante compreender a questão do prazer. Porque a supressão ou negação do prazer não resolve o problema do prazer. Os chamados religiosos suprimem todas as formas de prazer, ou ao menos tentam, e, por esse motivo, se tornam seres humanos embotados, esgotados. E uma mente como a deles é árida, embotada, insensível e absolutamente incapaz de descobrir o que é o real.

Portanto, é muito importante compreender as atividades do prazer. É adorável contemplar uma bela árvore — é um grande deleite; o que haverá de errado com isso? Mas olhar para um homem ou para uma mulher com prazer vocês consideram imoral, porque, para vocês, o prazer sempre está envolvido ou relacionado com a coisa contemplada, com esse homem ou com essa mulher; senão, é considerado como a fuga aos sofrimentos do relacionamento, quando então vocês buscam prazer alhures: numa idéia, numa fuga, numa certa atividade.

Ora, o prazer criou esse padrão de vida social. Extraímos prazer da ambição, da competição, da comparação, da aquisição de conhecimento ou de poder, ou da posição, do prestígio, do *status*. E essa busca do prazer na forma de ambição, competição, cobiça, inveja, *status*, domínio, poder, é respeitável. Ela se tornou respeitável numa sociedade que só dispõe de um conceito: o de que se deve levar uma vida moral, que é uma vida respeitável. Você pode ser ambicioso, cobiçoso, violento, competitivo, pode ser uma pessoa implacável, mas a sociedade o aceita porque, no final de sua ambição, você ou é um chamado homem bem-sucedido, com muito dinheiro, ou é um fracassado e, portanto, um ser humano frustrado. Logo, a moralidade social é uma imoralidade.

Escutem por favor o que digo, sem concordar nem discordar; vejam o fato. E, para ver o fato — ou seja, para entendê-lo —, não desenvolvam idéias a seu respeito, não tenham opiniões sobre ele. Vocês estão aprendendo acerca dele e, para fazê-lo, têm de abordá-lo com uma mente inquisitiva e, portanto, apaixonada; ávida e, portanto, jovem. A moral, que é o costume, o hábito, é considerada respeitável dentro do padrão desde que você se amolde ao padrão. Há pessoas que se revoltam contra o padrão — isso vive acontecendo. A revolta é uma reação ao padrão. Essa reação assume muitas formas — os *beatniks,* os Beatles, os Teddy Boys, etc. —, mas estas ainda se acham dentro dele. Ser verdadeiramente moral é uma coisa muito diferente. E é por isso que se tem de compreender a natureza da virtude e a natureza do prazer. Nossos costumes sociais, nossos hábitos, nossas tradições, nosso relacionamento — tudo isso se baseia no prazer. Não estou usando a palavra *prazer* num sentido restrito, num sentido limitado; uso-a em seu sentido mais amplo. A nossa sociedade se baseia no prazer e todos os nossos relacionamentos se fundamentam nele. Você é meu amigo desde que eu aceite o que você gosta, desde que eu o ajude a fazer melhores negócios, mas no momento em que o critico, não sou mais seu amigo. Isso é tão evidente e tão tolo!

Sem compreender o prazer, vocês nunca poderão compreender o amor. O amor não é prazer. O amor é algo inteiramente diferente. E para compreender o prazer, vocês têm de aprender a seu respeito. Ora, para a maioria de nós, ou para todos os seres humanos, o sexo é um problema. Por quê? Ouçam isto com muita atenção. Por não serem capazes de resolver esse problema, vocês fogem dele. O *sannyasi* foge dele fazendo um voto de celibato, mediante a negação. Verifiquem por favor o que acontece com uma mente assim. Negando algo que é parte da sua estrutura como um todo — as glândulas, etc. —, suprimindo-o, você se torna árido, e trava-se no seu interior uma constante batalha.

Como dizíamos, temos aparentemente apenas duas maneiras de enfrentar um problema: ou o suprimimos ou fugimos dele. Suprimir é na realidade fugir do problema, e temos toda uma rede de fugas — muito complexa, intelectual, emocional —, bem como a atividade cotidiana corriqueira. Há várias formas de escapar. Temos, no entanto, esse problema. O *sannyasi* foge do sexo de uma dada maneira, mas ele não o solucionou: ele o suprimiu fazendo um voto, e todo o problema continua a ferver no seu interior. Ele pode envergar o véu exterior da simplicidade, mas essa questão assume para ele uma importância fora do comum, da mesma maneira como o faz com o homem que leva uma vida comum.

Como resolver esse problema? Vocês têm de resolvê-lo. Ele é um ato de prazer. Vocês têm de compreendê-lo. Como vocês procedem para resolvê-lo? Se não o resolverem, vocês ficarão simplesmente dominados por um hábito. Hábito significa rotina; a mente fica embotada, estúpida, pesada; e essa é a única coisa que vocês têm. Logo, vocês têm de solucionar o problema. Antes de tudo, não o condenem, visto que vão aprender a seu respeito. Façam o favor de aprender sobre ele. Eis por que falamos de aprendizagem. Vocês estão asfixiados intelectual e emocionalmente; têm apenas uma mente repetitiva; vocês copiam, imitam o que outras pessoas fizeram; citam interminavelmente o Gita, os Upanixades ou algum outro livro sagrado; porém, intelectualmente, vocês copiam, imitam dia após dia, fazem sempre a mesma coisa no escritório, na fábrica, em casa — é uma constante repetição. Assim, o intelecto, que tem de ser vívido, límpido, razoável, saudável, livre, fica asfixiado. Aqui não há saída, não há ação criativa. Do ponto de vista emocional e estético, vocês estão esgotados, porque negam a emoção com sensibilidade, sensibilidade para ver a beleza, para fruir a formosura de uma noite, para contemplar uma árvore e estar em íntima comunhão com a natureza. E o que resta para vocês? Vocês só têm uma coisa na vida que é sua; e essa coisa se torna um imenso problema.

Logo, para entender esse problema, a mente tem de se ocupar dele de imediato, porque todo problema que permanece dia após dia deprime o espírito, asfixia a mente. Vocês já viram o que acontece com uma mente às voltas com um problema que não consegue resolver? Ou vai fugir, detendo-se em outro problema, ou então o suprime, tornando-se neurótica — uma neurose chamada não-patológica, mas nem por isso menos neurose. Assim, cada problema, seja ele qual for — emocional, intelectual, físico — tem de ser resolvido imediatamente e não carregado conosco para o dia seguinte, porque, no dia seguinte, teremos outros problemas sobre os quais nos debruçar.

Por conseguinte, temos de aprender. Mas não se pode fazê-lo se não se tiver resolvido os problemas do dia, levando-os simplesmente para o dia seguinte. Logo, todo problema, por mais complexo, difícil e exigente que seja, tem de ser resolvido no dia em que surge, no instante em que se manifesta. Percebam por favor a importância disso. Uma mente que deixa um problema arraigar-se por não ter conseguido resolvê-lo, por não ter a capacidade, a intensidade, o impulso para aprender — como as mentes que se costumam ver no mundo — se torna insensível, temerosa, feia, preocupada consigo mesma, autocentrada, brutal.

Em conseqüência, o problema do assim chamado sexo tem de ser resolvido. E para fazê-lo com inteligência — não fugir dele, não suprimi-lo, não fazer nenhum voto idiota nem se entregar a ele —, é vital compreender o problema do prazer. E é imperativo também compreender outro assunto, que é o fato de a maioria dos seres humanos ser pessoas de segunda mão. Vocês podem citar o Gita de trás para a frente, mas são seres de segunda mão. Não há em vocês nada de original. Nenhuma coisa sua é espontânea, real, nem intelectual, nem estética nem moralmente. E só lhes resta uma única coisa — fome, apetite para a comida e o sexo. O comer compulsivo e o sexo compulsivo. Vocês já viram pessoas comendo, se empanturrando — e o mesmo acontece em termos sexuais.

Como resultado, para compreender esse problema tão complexo — por envolver a beleza, a afeição, o amor —, vocês têm de compreender o problema do prazer, bem como quebrar esse condicionamento de uma mente repetitiva, mente que apenas repete o que outros disseram há séculos ou há dez anos. É uma maravilhosa fuga citar Marx, Stálin ou Lênin, assim como o é citar o Gita, como se vocês tivessem entendido alguma coisa. Vocês têm de viver; e, para viver, não podem ter problemas.

Para compreender o problema do sexo, vocês têm de libertar a mente, o intelecto, a fim de poder olhar, compreender e seguir em frente; do mesmo modo, em termos emocionais, estéticos, vocês têm de observar as árvores, as montanhas e os rios, assim como o mau cheiro de uma rua suja; têm de acompanhar seus filhos, ver como são criados, como se vestem, como vocês os tratam, como falam com eles. Vocês têm de ver a beleza de uma linha, de um prédio, de uma montanha, a curva de um rio, ver a beleza de um rosto. Tudo isso constitui a liberação dessa energia — não por meio da supressão nem da identificação com alguma idéia, mas a liberação de energia em todas as direções —, destinada a fazer sua mente ficar ativa, esteticamente, intelectualmente, com razão, com clareza, percebendo as coisas tais como são. A beleza de uma árvore, de um pássaro no vôo, a luz sobre a água e as muitas outras coisas da vida — quando não se dão conta de tudo isso, vocês naturalmente só têm esse problema.

A sociedade diz que vocês têm de ser morais, e que a moralidade é a família. A família se torna um empecilho quando se confina a si própria; ou seja, a família é o indivíduo e o indivíduo que é a família se opõe à multidão, ao coletivo, à sociedade; e então começa todo o processo destrutivo. Logo, a virtude não tem absolutamente nada que ver com a respeitabilidade. A virtude se assemelha à flor que está florescendo; não se trata de um estado que se alcance. Vocês conhecem a bondade; não se alcança a bondade, nem a humildade. Apenas o homem fútil se esforça por se tornar humilde. Ou você é bom, ou não é. O "ser" não é o "vir-a-ser". Vocês não podem se tornar bons, vir a ser humildes. E o mesmo acontece com a virtude. A estrutura moral de uma sociedade baseada na imitação, no medo, em repulsivas exigências e ambições pessoais, na cobiça, na inveja, não é virtude — nem moral. A virtude é a ação espontânea do amor — espontânea, não uma coisa calculada e cultivada a que se dá o nome de *virtude*. Ela tem de ser espontânea; do contrário, não é virtude. Como pode ser virtude se for uma coisa calculada, treinada, se for uma coisa mecânica?

Logo, vocês têm de compreender o prazer, bem como a natureza e a significação do prazer e do sofrimento. E também têm de compreender a virtude e o amor.

Ora, o amor é algo que não pode ser cultivado. Não se pode dizer "Vou aprender o amor, vou praticar o amor". A maioria dos idealistas, a maioria das pessoas que fogem de si mesmas por meio de várias formas de atividade de cunho intelectual, emocional, não tem amor. Podem ser prodigiosos reformadores sociais, excelentes políticos — se é que existem "excelentes políticos" —, mas não têm nenhum amor. O amor é algo completamente distinto do prazer. Mas vocês não podem encontrar o amor sem compreendê-lo com a profundidade da paixão — não fugindo dele nem negando-o, mas compreendendo-o. Há um grande deleite na beleza do prazer.

Assim sendo, o amor não deve ser cultivado. Ele não pode ser dividido em amor divino e amor físico; ele é só amor. E não é que vocês amem a multidão ou o um; trata-se mais uma vez de um absurdo perguntar: "Você ama a todos?" Vocês sabem, uma flor perfumada não se preocupa em saber quem vai cheirá-la ou quem lhe dará as costas. O mesmo sucede com o amor. O amor não é uma lembrança, não é uma coisa da mente nem do intelecto. Ele vem a existir naturalmente, na forma de compaixão, quando todo esse problema da existência — o medo, a cobiça, a inveja, o desespero, a esperança — tiver sido compreendido e resolvido. O ambicioso não pode amar. Aquele que se apega à família não tem amor. Nem tem o ciúme qualquer coisa que ver com o amor. Quando diz "Eu amo minha mulher", você não fala sério, pois no momento seguinte tem ciúme dela.

O amor implica grande liberdade, mas não para você fazer o que quiser. O amor só vem quando a mente está bem aquietada, desinteressada, não autocentrada. Não se trata de ideais. Se não tem amor — faça o que quiser, saia à procura de todos os deuses da terra, participe de todas as atividades sociais, tente acabar com a pobreza, entre na política, escreva livros, escreva poemas —, você é um ser humano morto. Sem amor, os seus problemas aumentam, multiplicam-se interminavelmente. E com amor, faça o que quiser, não há risco, não há conflito. Portanto, o amor é a essência da virtude. Uma mente que não se encontra num estado de amor de forma alguma é uma mente religiosa; e apenas a mente religiosa está livre dos problemas e conhece a beleza do amor e da verdade.

Londres, 7 de Abril de 1953

Questionador: Sinto-me muito só e anseio por um relacionamento humano íntimo. Já que não consigo arranjar companhia, o que devo fazer?

Krishnamurti: Uma das nossas dificuldades é, sem dúvida nenhuma, o fato de querermos ser felizes por meio de alguma coisa, por meio de uma pessoa, de um símbolo, de uma idéia, da virtude, por meio da ação, por meio da companhia. Pensamos que a felicidade, a realidade ou o nome que lhe quiserem dar pode ser encontrada por intermédio de alguma coisa. Logo, sentimos que, através da ação, da companhia, de certas idéias, encontraremos a felicidade.

Assim, estando só, quero encontrar alguém ou alguma idéia por meio da qual eu possa ser feliz. Mas a solidão sempre permanece; ela está sempre presente, encoberta. Mas como isso me assusta e eu não conheço a natureza interior dessa solidão, quero encontrar alguma coisa a que me apegar. Assim, penso que por meio de algo, de alguém, serei feliz. Por esse motivo, nossa mente está sempre preocupada em encontrar alguma coisa. Por intermédio dos móveis, de uma casa, de livros, de pessoas, de idéias, de rituais, de símbolos, esperamos alcançar algo, encontrar a felicidade. E eis por que as coisas, as pessoas, as idéias, se tornam extraordinariamente importantes: porque temos a esperança de, por seu intermédio, vir a alcançar a felicidade. Desse modo, começamos a ficar dependentes delas.

Mas, apesar de tudo isso, permanece a coisa não compreendida, não resolvida; a ansiedade, o medo, ainda estão presentes. E mesmo quando me dou conta de que estão presentes, quero usá-los, transpô-los, a fim de descobrir o que há além. A minha mente usa tudo como um meio de ir além, e por isso, torna triviais todas as coisas. Se uso você para minha realização, para minha felicidade, você se torna bem pouco importante, visto que minha preocupação é a minha felicidade. Logo, quando minha mente está às voltas com a idéia de que pode ter felicidade por meio de alguém, de uma coisa ou de uma idéia, não torno transitórios todos esses meios? Porque minha preocupação é, nesse caso, alguma outra coisa, ir além, capturar algo que se encontra além disso tudo.

Não será muito importante que eu compreenda essa solidão, essa dor, esse sofrimento do vazio extraordinário? Porque, se eu compreender isso, talvez não empregue coisa alguma para encontrar a felicidade. Não usarei Deus como meio de atingir a paz nem um ritual para ter mais sensações, exaltações, inspirações. O que me consome o coração é essa sensação de medo, minha solidão, meu vazio. Posso compreender isso? Posso solucioná-lo? A maioria de nós sente-se solitária, não? Façamos o que fizermos, o rádio, os livros, a política, a religião — nada dessas coisas pode encobrir de fato essa solidão. Posso ser socialmente ativo, posso identificar-me com certas filosofias organizadas, mas, faça o que fizer, a solidão continua presente, nas profundezas do meu inconsciente ou no mais íntimo do meu ser.

E como proceder diante disso? Como trazê-lo para o exterior e resolvê-lo por completo? Mais uma vez, toda a minha tendência é condenar, não é? Tenho medo daquilo que não conheço, e o medo é o resultado da condenação. Afinal, não conheço a qualidade da solidão, o que ela de fato é. Mas a minha mente a julgou, dizendo que ela é assustadora. A mente tem opiniões sobre o fato, tem idéias acerca da solidão. E são essas idéias e opiniões que criam o medo e me impedem de ver de fato a solidão.

Estarei me fazendo compreender com clareza? Sinto-me solitário e tenho medo disso. O que causa o medo? Não será o fato de eu não conhecer as implicações da solidão? Se conhecesse o conteúdo da solidão, eu não a temeria. Entretanto, como tenho uma idéia de como ela poderia ser, fujo dela. O que gera o medo é a fuga, e não a observação que faço da solidão. Para observá-la, para ficar com ela, não posso condenar. E quando for capaz de encará-la, terei condições de amá-la, de observá-la.

Então, será essa solidão de que tenho medo apenas uma palavra? Não será ela, na verdade, um estado essencial, talvez a porta por meio da qual descobrirei? Essa porta pode me levar mais longe, de modo que a mente compreenda o estado no qual tem de estar só, não contaminada. Porque todos os processos que me afastam dessa solidão são desvios, fugas, distrações. Se a mente puder viver com a solidão sem condená-la, talvez isso a leve a descobrir o estar só, o estado em que a mente se encontra não apenas solitária mas completamente sozinha, independente, não desejosa de descobrir por intermédio de alguma outra coisa.

É necessário ficar só, conhecer esse estar só não induzido pelas circunstâncias, esse estar só que não é isolamento, esse estar só que é criatividade, condição na qual a mente já não busca a felicidade nem a virtude, nem cria resistência. A mente que está só é a única que pode encontrar — não a mente contaminada, corrompida pelas suas próprias experiências. Assim, talvez a solidão, de que todos temos consciência, possa, se soubermos como encará-la, abrir a porta para a realidade.

Questionador: Sou dependente, em especial psicologicamente, das outras pessoas. Quero me livrar dessa dependência. Mostre-me por favor o caminho para a liberdade.

Krishnamurti: Psicologicamente, no íntimo, somos dependentes de rituais, de idéias, de pessoas, de coisas, das posses — ou não somos? Somos dependentes e queremos nos libertar dessa dependência porque ela nos faz sofrer. Enquanto essa dependência é satisfatória, enquanto eu encontro felicidade nela, não quero ser livre. Mas quando a dependência me faz sofrer, quando a coisa de que dependo foge de mim, fenece, murcha, olha para outra pessoa, desejo libertar-me.

Mas será que quero me libertar por inteiro de todas as dependências psicológicas ou somente daquelas que me fazem sofrer? Obviamente, das dependências e lembranças que me fazem sofrer. Não quero me libertar por completo de todas as dependências; quero apenas me ver livre de alguma dependência particular. Assim, busco meios de me libertar ou peço a outras pessoas que me ajudem a ficar livre de uma dependência específica que me traz dor. Não quero ficar livre do processo total da dependência.

Pode alguém me ajudar a ficar livre da dependência, tanto da específica como da total? Será que posso mostrar a vocês o caminho — sendo o caminho a explicação, a palavra, a técnica? Se eu lhes mostrar o caminho, a técnica, se eu lhes der uma explicação, vocês vão ficar livres? Vocês ainda terão um problema, ainda vão ter a dor da dependência, não? Nenhuma demonstração minha, nenhuma discussão sua comigo vai libertá-los da dependência. E o que se deve fazer?

Percebam por favor a importância disso. Vocês pedem um método que os liberte de uma dependência particular ou da dependência total. O método é uma explicação que vocês vão praticar e viver a fim de se libertarem, não é? Assim, o método se torna uma nova dependência. Tentando se libertar de uma dependência específica, vocês introduzem outra forma de dependência.

Mas se estiverem de fato preocupados com a liberdade total de todas as dependências psicológicas, se realmente estiverem voltados para isso, vocês não vão me pedir um método, o caminho. Nesse caso vocês vão fazer uma pergunta bem diferente, não? Vocês vão perguntar se têm capacidade para lidar com isso, a possibilidade de fazer algo a respeito dessa dependência. Logo, a pergunta não é como se libertar de uma dependência, mas "Posso ter a capacidade de tratar do problema como um todo?" Se tenho a capacidade, não dependo de ninguém. É só quando digo que não tenho a capacidade que peço: "Ajude-me, por favor; mostre-me o caminho." Mas se tenho a capacidade para tratar do problema da dependência, não peço a ninguém que me ajude a dissolvê-lo.

Espero estar sendo claro. Julgo muito importante não perguntar "Como?" mas "Posso ter a capacidade de tratar do problema?" Porque, se sei lidar com ele, estou livre do problema; não procuro mais um método, o caminho. Posso ter a capacidade de tratar do problema da dependência?

Ora, em termos psicológicos, quando vocês fazem essa pergunta a si mesmos, o que acontece? Quando fazem conscientemente a pergunta "Posso ter a capacidade de me libertar dessa dependência?" o que acontece psicologicamente? Vocês já não estão livres dela? Vocês eram dependentes em termos psicológicos e agora perguntam: "Tenho a capacidade de me libertar?" Está claro que, no momento em que fazem essa pergunta com vigor a si mesmos, já há liberdade com relação a essa dependência.

Espero que vocês estejam não só acompanhando verbalmente como vivenciando de fato o que estamos discutindo. Eis a arte de escutar — não só escutar as palavras, como também o que de fato está ocorrendo na mente de vocês.

Quando sei que tenho essa capacidade, o problema deixa de existir. Mas como não a tenho, quero que alguém me mostre. Assim, crio o Mestre, o guru, o Salvador, alguém que vai me salvar, que vai me ajudar. Logo, torno-me dependente deles. Mas se tiver a capacidade de resolver, de compreender a questão, tudo fica muito simples e deixo de ser dependente.

Isso não quer dizer que eu esteja cheio de autoconfiança. A confiança que vem a existir através do eu, do "si-mesmo", não leva a lugar algum, visto fechar-se em si mesma. Mas a própria pergunta "Posso ter a capacidade de descobrir a realidade?" dá uma introvisão e uma força fora do comum. A pergunta não é se tenho a capacidade — eu não a tenho —, mas "Posso ter a capacidade?" Então saberei abrir a porta que a mente sempre vem fechando com suas próprias dúvidas, com suas próprias ansiedades, seus medos, suas experiências, seu conhecimento.

Portanto, quando todo o processo é percebido, a capacidade está presente. Mas essa capacidade não há de ser encontrada mediante nenhum padrão particular de ação. Não posso compreender o total por meio do particular. Mediante uma análise particular de um problema especial, não compreenderei o todo. Assim, será que posso ter a capacidade de perceber o todo — não de compreender um incidente específico, um acontecimento particular, mas de perceber o processo total da minha vida, com suas tristezas, sofrimentos, alegrias, a eterna busca de conforto? Se eu puder fazer essa pergunta com vigor, a capacidade estará presente.

Dispondo dessa capacidade, posso tratar de todos os problemas que surgirem. Sempre haverá problemas, incidentes, reações; isso é a vida. Como não sei o que fazer com eles, procuro outras pessoas a fim de descobrir, para perguntar qual a maneira de tratar desses problemas. Mas quando faço a pergunta "Posso ter a capacidade?" isso já é o começo daquela confiança que não é a do "si mesmo", do eu, que não é a confiança que vem à existência por meio da acumulação, mas a confiança que se renova constantemente a si mesma, não através de alguma experiência ou incidente particular, mas da compreensão, da liberdade, de modo que a mente possa descobrir aquilo que é real.

Saanen, 26 de Julho de 1973

Julgo necessário descobrir o que significa escutar. Vamos entrar juntos num assunto que requer a sua atenção; não a atenção intelectual, mas a atenção para ouvir não apenas o que está sendo dito mas também o que de fato está acontecendo no íntimo de vocês. Escutar para observar, observar efetivamente a qualidade da sua mente que está enfrentando esses problemas tão complexos da existência. Não interpretando; se o fizerem, vocês não estarão escutando. Escutar é uma ação da atenção em que não há interpretação, não há comparação — lembrança das coisas que vocês já leram e comparação, comparação entre a experiência de vocês com o que está sendo dito. Tudo isso são distrações. Escutem de fato sem resistência, sem tentar encontrar respostas, porque as respostas não resolvem o problema. O que efetivamente resolve um problema por inteiro é a capacidade de observar sem o observador — que é a experiência passada, a memória, o conhecimento; apenas observar. Com isso poderemos prosseguir para descobrir o que é o sofrimento e se a mente humana pode um dia libertar-se dele. É muito importante que cada um descubra por si mesmo se o sofrimento um dia pode chegar ao fim — de modo concreto, não de modo verbal, intelectual, romântico ou sentimental. Porque, se ele cessar, a mente estará livre de uma carga colossal, e essa liberdade é necessária para inquirir sobre o que é o amor.

Assim, o que é o sofrimento? E haverá um fim para ele? Esse é, de fato, um problema bem profundo. Não sei se vocês já lhe dedicaram a sua curiosidade, se já se empenharam com seriedade em descobrir o que ele é e se a mente, a mente de vocês — que é a mente humana — pode um dia transcendê-la. Temos de descobrir o que são a dor, o pesar, o sofrimento. A dor é tanto fisiológica como psicológica: sofrimento, dor no corpo, no organismo, e a grande complexidade da dor, do pesar e do sofrimento interior, dentro da pele, por assim dizer, a dor psicológica. Todos conhecem a dor física — em maior ou menor grau — e podem tratar dela com recursos médicos e de outro tipo. Pode-se observar a dor com uma mente não apegada, com uma mente capaz de ver a dor corporal como se estivesse fora do corpo. Podemos observar a nossa própria dor de dentes sem estar emocional e psicologicamente envolvidos com ela. Quando vocês estão envolvidos emocional e psicologicamente com essa dor de dentes, ela aumenta, vocês ficam terrivelmente ansiosos e medrosos. Não sei se vocês já se deram conta desse fato.

O segredo consiste em estar consciente da dor física, fisiológica, biológica e, nessa consciência, não se envolver com ela psicologicamente. Ter consciência da dor física — e o envolvimento psicológico com ela intensifica a dor e gera ansiedade e medo — e manter o fator psicológico inteiramente fora são coisas que requerem muita atenção, uma certa qualidade de distanciamento, uma certa qualidade de observação desapegada. Quando agimos assim, a dor não distorce as atividades da mente; essa dor física não gera a atividade neurótica da mente. Não sei se vocês já perceberam que, quando há muita dor, a mente, não sendo capaz de resolver esse problema, se envolve com a dor e toda a sua perspectiva sobre a vida é distorcida. A consciência de todo esse processo não é uma questão de determinação, de conclusão, de se dizer que se deve ter consciência; agindo assim, cria-se uma separação e, portanto, mais conflito. Em contrapartida, se se observar com inteligência o movimento da dor e o envolvimento psicológico com essa dor, bem como a distorção que isso provoca na ação e no pensamento, a dor física pode ser tratada ou combatida com grande grau de eficácia. Isso é relativamente fácil.

O que não é fácil, mas, pelo contrário, bem complexo, é todo o campo da dor, do pesar e do sofrimento psicológicos. Isso requer um exame muito maior e mais claro, bem como uma observação e uma penetração mais aguda. Desde a infância, nós seres humanos, onde quer que estejamos, somos magoados. Consciente ou inconscientemente, temos muitas cicatrizes; há muitas formas de ser magoado. Já derramamos lágrimas, pública ou reservadamente e, por causa dessas mágoas queremos magoar outras pessoas, o que é uma forma de violência. E, sendo magoados, resistimos, construindo ao nosso redor uma parede para que nunca sejamos magoados outra vez. E quando você constrói uma parede ao seu redor a fim de não ser magoado, o será ainda mais. Desde a infância, por meio da comparação, da imitação e do amoldar-se, vamos armazenando essas numerosas mágoas e, não tendo consciência delas, toda a nossa atividade consiste em reações baseadas nessas mágoas.

Estamos seguindo juntos? Se vocês não estiverem se limitando a escutar o que digo, mas estiverem usando essas palavras para observar a si mesmos, haverá uma comunicação entre mim e vocês.

Será que essas mágoas, fonte de todo tipo de atividades, de desequilíbrios, de neuroses, de fugas, etc., podem ser extirpadas a fim de que a mente possa funcionar com eficiência, clareza, sanidade, integralidade? Esse é um dos problemas do sofrimento. Vocês foram magoados, e tenho plena certeza de que todos o foram. Isso é parte da nossa cultura, parte da nossa educação. Na escola, dizem a vocês que vocês têm de ser bons a ponto de conseguirem "As", as melhores notas; dizem que vocês não são tão bons quanto seu tio ou tão inteligentes quanto sua avó. Esse é o começo, e vocês vão ficando cada vez mais brutalizados pelas comparações, não só exteriormente mas também no mais profundo do ser. E se não resolverem essas mágoas, vocês haverão de passar a vida querendo magoar os outros, vão se tornar violentos ou fugir da vida, de todo relacionamento, a fim de não voltar a ser magoados.

Sendo isso parte do nosso sofrimento, pode a mente que foi magoada vir a ser totalmente livre de todas as formas de mágoa e nunca mais ser magoada outra vez? Uma mente que nunca é magoada e nunca pode ser magoada outra vez é de fato uma mente inocente. Esse é o sentido da palavra no dicionário — uma mente que não pode ser magoada —, sendo, por conseguinte, incapaz de magoar outra. Ora, será possível a uma mente que foi magoada profunda ou superficialmente livrar-se dessa mágoa? Como responder a essa pergunta? Como descobrir, sabendo que somos magoados, a maneira de ficar livres dessa mágoa? Se compreenderem uma mágoa de modo total, profundo e completo, vocês terão compreendido todas as outras mágoas, visto que todas estão incluídas em uma, não sendo necessário sair em busca de uma por uma.

Por que a mente é magoada? Todas as formas de educação, tal como existem hoje, são um processo de distorção da mente por meio da competição, do amoldar-se, na escola e na família, bem como em todos os nossos relacionamentos exteriores. Estar determinado a não ser magoado é uma conclusão do pensamento, mas o pensamento — que é o tempo, um movimento, pensamento que criou a imagem de que nunca deve ser magoado — não resolveu o problema da mágoa. Logo, o pensamento não pode resolver a mágoa. Escutem apenas o que tenho a dizer. Embebam-se disso, ingiram-no e descubram. O pensamento absolutamente não pode resolver essas mágoas; e ele é o único instrumento que temos, o único instrumento que cultivamos com tanto cuidado, e quando esse instrumento não é empregado, sentimo-nos perdidos. Estou certo? Mas quando vocês percebem por si mesmos que o pensamento, todo o maquinário do pensar, não vai solucionar de modo algum o problema da mágoa, a inteligência está em operação — a inteligência que não pertence a mim nem a vocês, nem a ninguém. A análise não resolve essas mágoas. A análise é uma forma de paralisia e não poderá jamais resolvê-las. Então, o que resta a vocês? Vocês se dão conta, com muita clareza, de que estão magoados e que nem o pensamento nem a análise podem resolver isso. O que ocorre na mente que viu a verdade do processo do pensamento, com todas as suas associações? Foi o pensamento o criador da imagem que vocês têm de si mesmos, e essa imagem foi magoada.

Quando se dá conta de que as atividades do pensamento, com todas as suas imagens e análises, todos os seus movimentos, não podem resolver a mágoa, a mente observa a mágoa em total imobilidade. E quando a mente observa a mágoa completamente, da maneira que estamos descrevendo, vocês verão que todas as formas de mágoa desaparecem por inteiro; porque a mágoa é a imagem que vocês têm de si mesmos, imagem que foi criada pelo pensamento. O que é magoado é essa imagem, e ela não tem realidade. Essa imagem é uma estrutura verbal, uma imagem lingüística, que foi alimentada pelo pensamento; e quando a energia do pensamento não está presente, essa imagem também não está. Logo, não há a possibilidade de ser magoado. Vocês entenderam? Testem-no. Apliquem-no — não amanhã; agora!

Essa é uma das causas do nosso sofrimento. E há o sofrimento da solidão, de não ter um companheiro — ou, se se tem um companheiro, de perdê-lo — ou da morte de alguém que se julgava amar, que proporcionava satisfação física e psicológica — satisfação sensorial e realização psicológica. Quando essa pessoa se vai — ou seja, quando ela morre ou nos abandona —, todas as ansiedades, todos os medos, todos os ciúmes, a solidão, o desespero, a raiva, a violência irrompem em nós. Isso é parte da nossa vida. Quando não se pode resolver isso, no mundo asiático dizem: "Na próxima vida, meu amigo, resolveremos isso. Afinal, há sempre a próxima vida, e nela saberemos como tratar disso." No mundo ocidental, a tristeza é investida numa pessoa ou numa imagem que vocês veneram — o sofrimento da humanidade investido numa pessoa; vocês também escapam por esse meio, mas não resolveram o problema. Adiaram-no, transferindo-o para uma imagem numa cruz guardada na igreja. Mas ele permanece.

Assim, o sofrimento só pode cessar quando vocês conhecem o movimento de si mesmos: o modo pelo qual vocês querem fugir dele, desejam encontrar uma resposta para ele e, não o podendo, recorrem a crenças, imagens, conceitos. Isso é o que os seres humanos vêm fazendo ao longo das eras; e sempre há os sacerdotes, os intermediários que vão ajudá-los a escapar. Observar tudo isso dentro de si mesmo, o que equivale a conhecer-se a si mesmo sem seguir nenhum psicólogo, antigo ou moderno, mas apenas observando a si mesmo — as mágoas, as fugas, a solidão, o desespero, a sensação de agonia ou de nunca ser capaz de ir além daquilo "que é" — apenas observar isso, sem nenhum movimento do pensamento, exige uma imensa atenção. Essa atenção constitui por si mesma a sua própria disciplina, a sua própria ordem.

Vocês seriam capazes de observar a solidão, que é um dos fatores do nosso sofrimento, ou o sentimento de que devemos nos realizar em alguma coisa sem que o consigamos, seriam capazes de observá-lo sem frustração, apenas observar tudo isso sem nenhum movimento verbal do pensamento, nem nenhum desejo de ir além? Deixem-me dizer de outra maneira. Perco o meu irmão ou o meu filho.

Ele morre e fico paralisado pelo choque por alguns dias. Então, ao final disso, vejo-me cheio de sofrimento, de dor, de solidão, diante da falta de sentido da vida; estou entregue a mim mesmo. Fiquem então completamente livres do movimento do pensamento que diz "Tenho de ir além disso, tenho de encontrar o meu irmão, tenho de me comunicar com ele; sinto-me só, estou desesperado". Apenas observem, sem nenhum movimento do pensamento. Então, vocês vão ver que, desse sofrimento, vem a paixão — que não tem absolutamente nada que ver com a luxúria —, paixão que é energia completamente livre dos movimentos do pensamento.

Assim, mediante — não, não vou empregar a palavra *mediante* — assim, nessa consciência de todo o movimento do "eu", que é produto do pensamento, que é o movimento no tempo, nessa consciência da natureza e da estrutura do "eu", tanto consciente como inconsciente, há o fim do sofrimento. Vocês podem verificá-lo por si mesmos. Se não o fazem, não têm o direito de ouvir o que estou dizendo, isso não tem sentido. Com o conhecimento de si mesmo, vem o fim do sofrimento e, portanto, o começo da sabedoria.

Ora, examinemos a próxima questão e verifiquemos o que é o amor. Eu de fato não sei o que ele é. Pode-se descrevê-lo, pode-se pô-lo em palavras, na linguagem mais poética, usando palavras muito bonitas, mas as palavras não são o amor. O sentimento não é o amor. O amor não tem nenhuma relação com emoções, com patriotismo, com idéias; isso vocês saberão muito bem, caso consigam compreendê-lo. Portanto, podemos descartar por completo todas as descrições verbais, todas as imagens que construímos ao redor dessa palavra: patriotismo, Deus, trabalhar pelo país e pela Rainha — vocês conhecem todas essas baboseiras! Também sabemos, quando observamos com cuidado, que o amor não é prazer. Vocês podem engolir essa pílula? Para a maioria de nós, o amor é prazer sexual. Para a maioria de nós, esse sentido de prazer sexual, físico, assumiu extraordinária importância no mundo ocidental, e agora investe contra a civilização oriental. Quando ele é negado, há tortura, violência, brutalidade, extraordinárias cenas emocionais. Será tudo isso amor?

O prazer do ato sexual e a lembrança dele — ruminar sobre ele e querer repeti-lo —, a repetição, a busca do prazer, eis aquilo a que se dá o nome de *amor*. Tornamos essa palavra bem vulgar, bem desprovida de sentido: Vá e mate por amor ao seu país; junte-se a este grupo porque ele ama a Deus! Tornamos essa palavra uma coisa terrível, repulsiva, vulgar, brutal. A vida é bem maior, mais vasta, mais profunda do que o mero prazer, mas esta civilização, esta cultura, transformou o prazer na coisa mais dominante e vigorosa da vida. Assim sendo, o que é o amor? Que lugar tem ele no relacionamento humano entre homem e mulher?

Consideremos o que é o amor no relacionamento humano. Quando se observa o mapa dos seres humanos — homem, mulher, homem e mulher com relação ao vizinho, ao Estado, bem como todos os outros fatores envolvidos —, que lugar tem isso a que se dá o nome de amor no relacionamento humano? Tem ele realmente algum lugar aí? A vida é relacionamento; a vida é ação no relacionamento. Que lugar ocupa o amor nessa ação?

Vocês estão me compreendendo? Façam-no, por favor; é a vida de vocês. Não desperdicem a vida. Vocês têm uns poucos anos; não os lancem fora. Vocês os estão desperdiçando, e é triste ver isso acontecer.

Assim, que lugar tem o amor no relacionamento? O que é relacionamento, estar em relação? Significa responder adequada e completamente uns aos outros. O significado da palavra *relacionamento* é estar em relação; estar em relação significa estar em contato direto com outro ser humano, um contato direto tanto psicológico como fisiológico. Estaremos em relação uns com os outros? Posso ser casado, ter filhos, sexo e todas as outras coisas, mas estarei em relação? E com que estou em relação? Estou em relação com a imagem que construí ao redor de você ou dela. Façam-me o favor de observar isso. Observem de verdade. E ela está em relação comigo de acordo com a imagem que tem de mim. Certo? Assim, essas duas imagens têm um relacionamento entre si; e esse relacionamento imaginário recebe o nome de amor! Vejam como tornamos absurda a coisa toda! Isso é um fato. Não se trata de uma descrição pessimista. Construí a imagem dela ao longo dos anos, ou durante dez dias, ou há uma semana — até um dia basta. E ela fez a mesma coisa. Vocês compreendem a crueldade, a repulsividade, a brutalidade, a viciosidade dessas imagens construídas por uns em relação aos outros? E o contato entre essas duas imagens é chamado de relacionamento. Logo, há sempre uma batalha entre o homem e a mulher, um tentando dominar o outro. Quando um deles domina, erige-se a cultura a partir desse domínio — o sistema matriarcal ou patriarcal. Vocês sabem o que acontece. Isso é amor?

Se é, então o amor não passa de uma palavra sem sentido. Porque o amor não é prazer, não é ciúme, não é inveja nem separação entre o homem e a mulher — com um dominando o outro, um dirigindo o outro, um possuindo o outro, sendo apegado ao outro. Isso com certeza não é amor — é somente uma questão de conveniência e de exploração. E temos aceitado isso como a norma da vida! Quando observarem isso, quando o observarem de fato, quando tiverem total consciência disso, vocês verão que não vão construir mais imagens — façam ela ou você o que quiserem, não haverá a construção de uma imagem. E talvez a partir disso desabroche uma extraordinária flor, o florescimento dessa coisa chamada amor. E isso de fato acontece. Esse amor nada tem que ver com "meu" ou "seu". Ele é amor. E quando tiverem isso, vocês nunca mandarão seus filhos fazer treinamento militar, ser mortos. Então, vocês criarão um tipo diferente de civilização, uma cultura diferente, seres humanos, homem e mulher, diferentes.

Saanen, 23 de Julho de 1974

Estivemos falando juntos da natureza e da estrutura do pensamento, do seu lugar e de suas limitações, bem como de todos os processos e funções envolvidos no movimento do pensamento. Se me for permitido, nesta manhã — e é muito bonito, depois de todos esses dias de chuva e de nuvens, ver as montanhas, as sombras e os rios, bem como o agradável cheiro do ar — eu gostaria de falar sobre a responsabilidade, que é a qualidade de quem é responsável. Observando objetivamente, sem nenhuma opinião ou julgamento, vemos o que está acontecendo no mundo: guerras, uma incrível miséria e confusão. Quem é responsável por tudo isso?

Para encontrar de fato a resposta certa, a resposta correta, temos de observar todo o fenômeno da existência. Temos, de um lado, o extraordinário desenvolvimento da tecnologia, que quase está destruindo a terra; do outro, temos o que pode ser chamado de esperança, de exigência, de busca de Deus, da verdade ou seja lá o que for. Há esse vasto espectro e parecemos só responder a uma pequena parcela dele. Há o vasto campo da existência, da nossa vida cotidiana, e parecemos incapazes de responder à sua totalidade. Temos de descobrir por nós mesmos qual a resposta correta, a resposta certa para tudo isso. Se formos responsáveis apenas diante de uma pequena parcela disso — nós mesmos e nosso pequeno círculo, nossos pequenos desejos, nossas pequeninas responsabilidades, nosso movimento egoísta, fechado —, negligenciando a responsabilidade pelo todo, estaremos fadados a criar sofrimento não somente para nós mesmos como para toda a humanidade.

❖

É possível ser responsável diante de toda a humanidade? E, por conseguinte, ser responsável diante da natureza, ser responsável — isto é, responder adequadamente, de modo total — diante dos seus filhos, dos seus vizinhos, diante de todo o movimento que o homem criou em seu esforço por viver corretamente? Para sentir essa imensa responsabilidade, não só intelectual e verbalmente, mas no mais íntimo do ser, para poder responder a toda a luta, a toda a dor, a toda a brutalidade, a toda a violência e a todo o desespero da humanidade, para responder totalmente a isso, tem-se de saber o que significa amar. Vocês sabem que a palavra *amor* tem sido muito absurda, que ela está gasta, pisoteada, mas teremos de usá-la, dando-lhe um tipo de sentido totalmente diferente. Para se poder responder ao todo, tem de haver amor. Para compreender essa qualidade, essa compaixão, esse sentido extraordinário de energia, que não é criado pelo pensamento, temos de compreender o sofrimento. Quando usamos a palavra *compreender,* não nos referimos à comunicação verbal ou intelectual de palavras, mas à comunicação ou comunhão que está por trás da palavra. Ora, temos antes de compreender o sofrimento, bem como de ser capazes de ir além dele. Do contrário, não poderemos de modo algum compreender a responsabilidade diante do todo, que é o verdadeiro amor.

Estamos não só participando verbalmente, intelectualmente, como indo bem além — e partilhar isso é nossa responsabilidade. Isso significa que vocês também devem ouvir a palavra, escutar o sentido semântico dela, também devem participar do movimento de auto-investigação e ir além disso. É preciso tomar parte em todo esse movimento; do contrário, vocês vão tratar dele apenas verbal, intelectual ou emocionalmente, transformando-o em nada.

Para compreender essa responsabilidade diante do todo e, portanto, essa estranha qualidade do amor, temos de ir além do sofrimento. O que é o sofrimento? Por que os seres humanos sofrem? Esse vem sendo um dos grandes problemas da vida há milhares de anos. E, ao que parece, pouquíssimas pessoas transcenderam o sofrimento, e elas se tornaram heróis ou salvadores ou então algum tipo de líderes neuróticos ou religiosos, e assim permanecem. Mas seres humanos comuns como vocês, eu e outras pessoas nunca parecem consegui-lo. Damos a impressão de estarmos presos nele. Estamos perguntando se é possível que vocês se libertem de fato do sofrimento.

❖

Aparentemente, o ser humano não tem se mostrado capaz de resolver o sofrimento psicológico. O homem tem tido condições de fugir dele por meio de atividades — religiosas, econômicas, sociais, políticas, de negócios, bem como de outras maneiras, como as drogas —, sem nunca enfrentar o fato concreto do sofrimento. O que é o sofrimento? Tem a mente possibilidades de ser completamente livre da atividade psicológica que gera o sofrimento?

Uma das principais razões do sofrimento é o sentido de isolamento, a sensação de total solidão. Ou seja, sentir que não se tem nada em que se apoiar, que não se tem relacionamento com pessoa alguma, que se é completamente isolado. Tenho plena certeza de que vocês já sentiram isso. Vocês podem estar com a família, num ônibus ou numa festa, e ter momentos de uma extraordinária sensação de isolamento, um sentido fora do comum de carência, de total insuficiência. Eis uma das principais razões do sofrimento. Do ponto de vista psicológico, o sofrimento surge devido ao apego — a uma idéia, a ideais, a opiniões, a crenças, a pessoas, a conceitos. Observem por favor isso em vocês mesmos. O mundo é o espelho em que vocês estão se mirando e que mostra as operações da mente de vocês. Por isso, observem-no.

Outra causa do sofrimento é um grande sentido de perda, perda de prestígio, perda de poder, perda de tanta coisas, perda de alguém que vocês julgam amar — e há a morte, o sofrimento último. Ora, pode a mente libertar-se de tudo isso? Caso não o possa, faça o que fizer, ela não terá condições de conhecer esse sentido de amor ao todo. Se não há amor pela totalidade da existência, não apenas de cada um mas de toda a humanidade, não há compaixão, e nunca se vai compreender o que é o amor. No amor ao todo, o particular está incluído. Contudo, quando há o amor particular, ao específico, há ausência do outro.

Logo, é absolutamente imperativo que compreendamos e transcendamos o sofrimento. Será isso possível? Pode a mente compreender esse sentido de profunda solidão interior, que é diferente do estar só? Façam-me o favor de não confundir as duas coisas. Há uma diferença entre solidão e estar profundamente só. Compreenderemos o que significa estar só quando compreendermos a significação da solidão. O sentir-se solitário é bem assustador e depressivo, e gera uma série de estados de espírito nessa linha. Sem racionalizar, vocês são capazes de observar isso sem nenhum movimento de fuga?

Posso ter consciência da solidão sem racionalizar, sem tentar descobrir a sua causa, apenas observando e, nessa observação, descobrir que a fuga ocorre por meio do apego a uma idéia, a um conceito, a uma crença? Posso ter consciência dessa crença e da maneira pela qual ela é uma fuga? Quando eu as observo silenciosamente, a fuga e a crença desaparecem sem nenhum esforço meu. No momento em que introduzo esforço, há o observador e o observado e, portanto, conflito; quando, porém, estou consciente de todas as implicações da solidão, não há observador, mas apenas o fato dessa sensação de estar profundamente isolado. Esse isolamento também se manifesta por meio da nossa atividade cotidiana — minha ambição, minha cobiça, minha inveja, a preocupação com o meu próprio desejo de realização, de ser alguém, de me aprimorar. Ocupo-me demais do meu pequeno eu bestial, e isso é parte da minha solidão. Durante o dia, durante o sono, em todas as atividades que realizo, estou muito preocupado comigo mesmo: "eu" e "você", "nós" e "eles". Estou comprometido comigo mesmo. Quero fazer coisas para mim mesmo em nome da minha nação, em nome do meu Deus, em nome da minha família, em nome da minha mulher.

Assim, essa solidão passa a existir graças às atividades cotidianas de preocupação comigo mesmo; e quando tomo consciência de todas as implicações da solidão, dou-me conta de tudo isso. Percebo-o, não teorizo a seu respeito. Quando observo alguma coisa, os detalhes se destacam. Quando você olha cuidadosamente uma árvore, um rio, uma montanha ou uma pessoa, nessa observação você vê tudo. Ela diz isso a você; você não lhe diz coisa alguma. Quando você observa dessa maneira ou quando, sem escolha, está imensamente consciente dessa solidão, ela desaparece de vez.

❖

Uma das causas do sofrimento é o apego. Sendo apegados e descobrindo que isso é doloroso, tentamos cultivar o desapego, o que é outro horror. Por que a mente é apegada? Um apego é uma forma de ocupação para a mente. Se estou apegado a você, fico pensando em você, preocupo-me com você. Estou preocupado com você à minha maneira egoísta porque não quero perdê-lo, não quero vê-lo livre, não quero que você faça algo que perturbe o meu apego. Nesse apego, sinto-me, de certo modo, seguro. Assim, no apego, há medo, ciúme, ansiedade, sofrimento. Ora, observem-se simplesmente a si mesmos. Não digam: "O que devo fazer?" Vocês não podem fazer nada. Se tentarem fazer alguma coisa com relação a esse apego, vocês estarão criando outra forma de apego. Certo? Por isso, limitem-se a observá-lo. Quando estão apegados a uma pessoa, vocês a dominam, querem controlá-la, negam-lhe a liberdade. Quando estão apegados, vocês estão negando por inteiro a liberdade. Se me apego a um ideal comunista, levo a destruição aos outros.

Se se der conta de que a solidão, o apego, é uma das causas do sofrimento, terá a mente possibilidades de se libertar do apego? Isso não significa que a mente vá se tornar indiferente, porque estamos tratando da existência como um todo, e não apenas da minha existência. Logo, tenho de responder ao todo, e não apenas ao meu pequenino desejo de estar apegado a você e de superar a pequena ansiedade da dor e do ciúme. Porque a nossa preocupação é descobrir aquela qualidade do amor que só pode vir à existência quando a mente está voltada para o geral e não para o particular. Quando a mente se volta para o todo, há amor, e na totalidade há lugar para o particular.

E há o sofrimento da perda, de perder alguém a quem se "ama" — vocês compreendem, estou usando a palavra *amor* entre aspas. Por que vocês sofrem? Perco o meu filho, a minha mãe, a minha mulher. Perco alguém. Por que sofro? Será porque sou subitamente abandonado e profundamente magoado com a morte de alguém? Será porque me identifiquei com essa pessoa? É o *meu* filho, eu o quero, sou eu mesmo projetado nesse filho. Identifiquei-me com essa pessoa e, quando ela já não está presente, sinto uma tremenda sensação de mágoa, porque já não disponho de ninguém para dar continuidade a mim mesmo. Assim, vejo-me tomado por uma profunda mágoa. E dessa mágoa vem a autocomiseração. Façam-me o favor de examinar tudo isso. Não me preocupo tanto com o outro; preocupo-me na realidade comigo mesmo por meio do outro e, em conseqüência, sofro uma mágoa quando ele já não existe. Desse sofrimento, que é muito profundo, surge a autocomiseração, bem como o desejo de encontrar outra pessoa por intermédio da qual eu possa sobreviver.

E não há somente o sofrimento pessoal, mas também o vasto sofrimento da humanidade, o sofrimento que as guerras têm trazido a pessoas inocentes, a pessoas que foram mortas, aos que mataram e aos que morreram, às mães, às mulheres, aos filhos. Seja no Extremo Oriente, no Oriente Médio ou no Ocidente, há esse vasto sofrimento humano, tanto físico como psicológico. Até que a mente compreenda todo esse problema, posso brincar com a palavra *amor,* posso fazer assistência social e falar do amor de Deus, do amor do homem, do amor de tudo isso, porém, no meu coração, nunca saberei o que é o amor. Logo, será que a minha mente, a sua mente, a sua consciência são capazes de encarar esse fato, encará-lo e perceber que extraordinária angústia ele causa, não só aos outros como a cada um de nós? Percebam como vocês privam o outro da liberdade quando se apegam a ele; e, estando apegados, privam-se a si mesmos de liberdade. E assim começa a batalha entre o eu e o outro. Pode a mente observar isso?

Só com o fim do sofrimento vem a sabedoria. A sabedoria não é algo que se compre em livros ou que se aprenda de outra pessoa. A sabedoria surge da compreensão do sofrimento, não só o pessoal como o da humanidade, criado pelo homem. Somente quando se vai além disso vem a existir a sabedoria.

Por conseguinte, para compreender aquilo a que damos o nome de amor ou para deparar com ele, acredito que temos de compreender também o que é a beleza. Posso tratar desse tema? A beleza. Vocês sabem que a beleza é uma das coisas mais difíceis de exprimir com palavras, mas vamos tentar.

Vocês sabem o que significa ser sensível? Não sensível aos próprios desejos, ambições, mágoas, fracassos e sucessos — isso é bem fácil. A maioria de nós é sensível às suas insignificantes exigências, às suas ínfimas buscas de prazer, ao seu medo, à sua ansiedade, aos seus deleites. Entretanto, estamos falando de ser sensíveis — não *a* alguma coisa, mas ser sensíveis — tanto psicológica como fisicamente. No plano físico, ser sensível é ter um corpo sutil muito bom —

saudável, mentalmente são, sem excesso de alimentação e sem descontroles —, um corpo sensível. Isso vocês podem tentar, caso se interessem. Não estamos separando a psique do corpo, pois eles estão inter-relacionados; mas não se pode ser sensível no plano psicológico se houver algum tipo de mágoa. Em termos psicológicos, nós seres humanos somos grandemente magoados. Trazemos mágoas conscientes e inconscientes, tanto auto-infligidas como causadas por outras pessoas. Na escola, em casa, no ônibus, no escritório, na fábrica, somos magoados. Essa mágoa profunda, consciente e inconsciente, torna-nos psicologicamente insensíveis, embotados. Observem, se puderem, sua própria mágoa. Um gesto, uma palavra, um olhar basta para magoar. E vocês são magoados quando comparados com outra pessoa, quando tentam imitar outra pessoa, quando se amoldam a um padrão — seja esse padrão estabelecido por vocês mesmos ou por outras pessoas. Assim, nós seres humanos somos profundamente magoados; e essas mágoas dão origem à atividade neurótica — todas as crenças são neuróticas, todos os ideais são neuróticos. Será possível compreender essas mágoas e se livrar delas, para nunca mais vir a ser magoado em nenhuma circunstância? Sou magoado desde a infância por vários incidentes ou acidentes: uma palavra, um gesto, um olhar, uma proibição, o fato de ser ignorado. Existem essas mágoas. Podem elas ser extirpadas sem deixar marcas? Observem isso por favor. Não olhem para outro lugar; olhem para si mesmos. Vocês têm essas mágoas. Podem elas ser extirpadas sem deixar marcas?

Se há uma mágoa, vocês não são sensíveis e jamais vão saber o que é a beleza. Vocês podem visitar todos os museus do mundo, comparar Michelângelo com Picasso, ser especialistas na explicação e no estudo dessas pessoas e dos seus quadros, de sua estrutura e assim por diante, mas, enquanto estiver magoada e, portanto, insensível, a mente humana nunca vai saber o que é a beleza — nas coisas feitas pelo homem, nas linhas de um prédio, na montanha, na beleza da árvore. Se houver alguma espécie de mágoa interior, vocês nunca irão saber o que é a beleza — e sem a beleza não há amor. Assim sendo, será a mente de vocês capaz de saber que foi magoada, ter consciência dessas mágoas e não reagir a elas no nível consciente ou inconsciente?

É bem fácil perceber as mágoas conscientes. Podem vocês conhecer as mágoas inconscientes ou têm necessidade de passar por todo o estúpido processo de análise? Falarei brevemente da análise e me livrarei dela. A análise supõe o analista e o analisado. Quem é o analista? Ele é diferente do analisado? Se é diferente, por que o é? Quem criou o analista para ser diferente do analisado? Se ele é diferente, como pode ele saber qual é a coisa analisada? Logo, o analista *é* o analisado. Isso é muito evidente. Para analisar, cada análise tem de ser totalmente completa. Isso significa que, se houver a mínima compreensão errada, na análise seguinte estaremos impedidos de analisar completamente por causa dessa compreensão errada anterior. Análise implica tempo. Vocês podem passar o resto da vida analisando e ainda o estarão fazendo na hora da morte.

Logo, de que maneira a mente desvela mágoas profundas, inconscientes, as mágoas que a raça vem acumulando? Quando subjuga a vítima, o conquistador a magoa. Trata-se de uma mágoa racial. Para o imperialista, todos estão abaixo dele, e ele deixa uma mágoa profunda, inconsciente, naqueles a quem conquistou. Essa mágoa fica alojada. Como faz a mente para desvelar todas essas mágoas ocultas, mágoas que estão bem no fundo dos recessos da nossa consciência? Percebo a falácia da análise; portanto, não há análise. Façam o favor de observar isso com cuidado. Não há análise, e a nossa tradição é analisar; assim, pus de lado a tradição da análise. Vocês estão fazendo isso? E o que aconteceu com a mente quando negou ou pôs de lado, quando se deu conta da falsidade de alguma coisa, da falsidade da análise? Não ficou ela livre dessa carga? Em conseqüência, ela ficou sensível; ela está mais leve, mais lúcida; ela pode observar com mais argúcia. Logo, pondo de lado uma tradição que o homem tem aceito — a análise, a introspecção e assim por diante —, a mente se libertou. E, ao negar a tradição, vocês negaram o conteúdo do inconsciente. O inconsciente é tradição: tradição da religião, tradição do casamento, tradição de tantas coisas. E uma das tradições é aceitar a mágoa e, tendo-a aceito, analisá-la para ficar livre dela. Ora, quando a negam por ela ser falsa, vocês negam o conteúdo do inconsciente. Portanto, vocês estão livres das mágoas inconscientes. Vocês não têm de analisar o inconsciente nem os sonhos.

Assim, ao observar a mágoa e ao não empregar o instrumento tradicional de extirpação dessa mágoa, que é a análise, que é ficar falando muito tempo juntos — vocês conhecem tudo o que se passa, a terapia de grupo, a terapia individual e a terapia coletiva —, a mente extirpa a mágoa ao tomar consciência, ao tomar consciência da tradição. Quando negam essa tradição, vocês negam a mágoa que aceita essa tradição. A mente se torna então extraordinariamente sensível — sendo a mente o corpo, o coração, o cérebro, os nervos. Tudo fica sensível.

Ora, estamos perguntando o que é a beleza. Dissemos que ela não é o museu, não é o quadro, não é o rosto, não é uma reação que tenha como pano de fundo a tradição. Quando a mente põe tudo isso de lado porque é sensível e porque compreendeu o sofrimento, vocês têm paixão — *existe* paixão. A paixão, é claro, difere da luxúria. A luxúria é a continuação do prazer e a exigência de prazer em suas diferentes formas. Quando não há mágoa, quando há a compreensão do sofrimento e ele é transcendido, há essa qualidade da paixão, que é totalmente necessária à compreensão do extraordinário sentido de beleza. Essa beleza não pode absolutamente existir quando o "eu" se acha em constante afirmação de si mesmo. Você pode ser um pintor maravilhoso, aceito pelo mundo como o maior pintor, mas se estiver preocupado com o seu pequeno eu bestial, deixará de ser um artista. Você estará apenas promovendo por meio da arte a sua própria continuação egoísta.

A mente livre é aquela que foi além desse sentido do sofrimento; ela está livre de toda mágoa e tem portanto condições de nunca voltar a ser magoada em nenhuma circunstância. Seja ela lisonjeada ou insultada, coisa alguma a pode tocar — o que não quer dizer que ela tenha construído uma resistência. Pelo contrário, ela é maravilhosamente aberta.

A partir de então, vocês vão começar a descobrir o que é o amor. Obviamente, o amor não é prazer. Agora podemos dizer que ele não é prazer, não antes, mas agora, porque agora vocês passaram por tudo isso e o puseram de lado. Vocês ainda podem apreciar as montanhas, as árvores, os rios, os rostos bonitos e a beleza da terra; mas quando isso se transforma na busca do prazer, a beleza da terra deixa de ser beleza. Logo, o amor não é prazer. O amor não é a busca nem a evitação do medo. O amor não é apego. O amor não tem sofrimento. Obviamente. E esse amor significa o amor do todo, que é compaixão. E esse amor tem a sua própria ordem, ordem tanto interior como exterior; essa ordem não pode ser criada por meio de leis. Ora, quando vocês compreendem isso e vivem isso cotidianamente — pois do contrário isso não tem nenhum valor, não passa de uma porção de palavras sem sentido, meras cinzas —, a vida assume uma significação bem diferente.

Madras, 5 de Fevereiro de 1950

Questionador: Todos sentimos a solidão; conhecemos o seu sofrimento e vemos as suas causas, as suas raízes. Mas o que é estar só? É algo diferente da solidão?

Krishnamurti: A solidão é a dor, a agonia da exclusão, o estado de isolamento em que você como entidade não se enquadra em coisa alguma, nem no grupo nem no país, nem ao lado da mulher, dos filhos ou do marido; você está apartado dos outros. Vocês conhecem esse estado. Ora, mas conhecem o estar só? Vocês têm por certo que estão sós; mas estarão?

O estar só difere da solidão, mas não se pode compreendê-lo sem compreender a solidão. Vocês conhecem a solidão? Vocês a observaram sub-repticiamente; olharam para ela, e não gostaram. Para conhecê-la, vocês têm de entrar em comunhão com ela, sem nenhuma barreira entre ela e vocês, sem conclusões, preconceitos ou especulações; têm de ir ao seu encontro com liberdade e não com medo. Para compreender a solidão, têm de abordá-la sem nenhum sentido de medo. Se abordarem a solidão dizendo que já sabem a sua causa, as suas raízes, vocês não poderão compreendê-la. Vocês conhecem as suas raízes? Vocês as conhecem em suas especulações exteriores. Vocês conhecem o conteúdo interior da solidão? Vocês apenas dão uma descrição dela, e a palavra não é a coisa, o real. Para compreendê-la, vocês têm de ir ao seu encontro sem nenhum sentido de fugir dela. O próprio pensamento de fugir da solidão constitui em si mesmo uma forma de insuficiência interior. Não é a maioria das nossas atividades uma evitação? Quando estão solitários, vocês ligam o rádio, fazem *pujas,* vão procurar gurus, tagarelam com outras pessoas, vão ao cinema, assistem corridas e assim por diante. Sua vida cotidiana se traduz numa fuga de vocês mesmos, de modo que as modalidades de fuga se tornam extremamente importantes e vocês discutem sobre quais devem ser as fugas, se a bebida ou Deus. A evitação é o tema, embora vocês possam ter inúmeros meios de fugir. Vocês podem provocar, com suas fugas respeitáveis, enormes danos psicológicos, e eu, com as minhas fugas mundanas, danos sociológicos; mas para entender a solidão, toda as fugas têm de cessar, não por meio da coerção nem da compulsão, mas por meio da percepção da falsidade da fuga. Então vocês estarão enfrentando diretamente "o que é", e o verdadeiro problema vai começar.

O que é a solidão? Para compreendê-la, vocês não podem dar-lhe um nome. O próprio ato de dar um nome, a própria associação do pensamento com outras lembranças dela, acentua a solidão. Façam uma experiência e verifiquem. Quando tiverem cessado de fugir, vocês verão que, enquanto não se derem conta do que é a solidão, tudo o que fizerem a seu respeito será mais uma forma de fuga. Somente compreendendo a solidão vocês podem ir além dela.

O problema do estar só é inteiramente diferente. Nunca estamos só; estamos sempre com pessoas, exceto, talvez, quando vamos fazer caminhadas solitárias. Somos o resultado de um processo total feito de influências econômicas, sociais, climáticas e de outras influências ambientais; e enquanto formos influenciados, não estaremos sós. Enquanto houver o processo de acumulação e de experiência, nunca poderá haver o estar só. Você pode imaginar que está só isolando-se em atividades pessoais, individuais, estreitas, mas isso não é estar só. O estar só existe apenas quando não há influências. O estar só é ação que não é resultado de uma reação, que não é a resposta a um desafio nem a um estímulo. A solidão é um problema de isolamento, e estamos buscando o isolamento em todos os nossos relacionamentos, o que é a própria essência do si mesmo, do "eu" — o meu trabalho, a minha natureza, o meu dever, a minha propriedade, o meu relacionamento. O próprio processo do pensamento, que é o resultado de todos os pensamentos e influências do homem, leva ao isolamento. Compreender a solidão não é um ato burguês; vocês não podem compreendê-la enquanto houver em vocês a dor da insuficiência não revelada que vem com o vazio, com a frustração. O estar só não é isolamento nem é o oposto da solidão; é um estado de ser em que toda a experiência e todo o conhecimento não existem.

Questionador: O senhor falou do relacionamento baseado no uso do outro para a gratificação pessoal de cada um, e muitas vezes aludiu a um estado chamado amor. O que o senhor designa por amor?
Krishnamurti: Sabemos o que é o nosso relacionamento — uma mútua satisfação e uso, embora procuremos encobrir isso dando-lhe o nome de *amor*. No uso, há ternura pelo que é usado e salvaguarda sua. Salvaguardamos as nossas fronteiras, os nossos livros, a nossa propriedade; do mesmo modo, temos o cuidado de salvaguardar a nossa mulher, a nossa família, a nossa sociedade, visto que, sem elas, nos sentiríamos solitários, perdidos. Sem o filho, o pai se sente solitário; você espera que o filho seja aquilo que você não é, de maneira que este se torna um instrumento da sua vaidade. Conhecemos o relacionamento da necessidade e do uso. Necessitamos do carteiro e ele de nós, mas nem por isso dizemos que o amamos. Dizemos, no entanto, que amamos nossa mulher e nossos filhos, muito embora os usemos para a nossa satisfação pessoal e estejamos dispostos a sacrificá-los pela vaidade de ser considerados patriotas. Conhecemos muito bem esse processo e, evidentemente, ele não pode ser amor. O amor que usa, explora e depois se lamenta não pode ser amor, porque o amor não é uma coisa da mente.

Pois bem, vamos fazer uma experiência e descobrir o que é o amor — descobrir, não só verbalmente, mas por meio da vivência concreta desse estado. Quando vocês me usam como guru e eu os uso como discípulos, há uma mútua exploração. Do mesmo modo, quando vocês usam a mulher e os filhos para seu próprio avanço, há exploração. Isso por certo não é amor. Quando há uso, tem de haver posse; a posse invariavelmente faz nascer o medo e, com ele, vêm o ciúme, a inveja, a suspeita. Quando há uso, não pode haver amor, porque o amor não é uma coisa da mente. Pensar numa pessoa não é amá-la. Você só pensa na pessoa quando ela não está presente, quando está morta ou quando ela não dá o que você quer. Então, sua insuficiência interior desencadeia o processo da mente. Quando a pessoa está perto, você não pensa nela; fazê-lo nessas circunstâncias seria perturbar-se, e por isso você considera a proximidade dela como um ponto absolutamente pacífico — ela está ali. O hábito é um meio de esquecer e de ficar em paz, destinado a evitar que se venha a ser perturbado. Assim, o uso invariavelmente leva ao fechamento e à insensibilidade, e isso não é amor.

Qual é o estado em que o uso — que é o processo do pensamento como recurso para encobrir de modo positivo ou negativo a insuficiência interior — não está presente? Qual o estado em que não há sentido de satisfação pessoal? Buscar a satisfação pessoal é da própria natureza da mente. O sexo é sensação criada, imaginada pela mente, que então age ou não age. A sensação é um processo do pensamento, que não é amor. Quando a mente é dominante e o processo do pensamento é importante, não há amor. Esse processo de usar, de pensar, de imaginar, de reter, de encerrar, de rejeitar não passa de fumaça; e quando a fumaça não está presente, a chama do amor está. Por vezes temos essa chama, rica, plena, em toda integridade; mas a fumaça volta porque não podemos viver muito tempo com a chama, que não tem sentido de proximidade nem do um nem da multidão, nem pessoal nem impessoal. A maioria de nós conheceu às vezes o perfume do amor e sua abertura; contudo, a fumaça do uso, do hábito, do ciúme, da posse, o contrato e o rompimento do contrato — tudo isso se tornou importante para nós e, em conseqüência, a chama do amor não se faz presente. Quando há a fumaça, não há a chama; mas quando compreendemos a verdade do uso, a chama aparece. Usamos o outro porque somos interiormente pobres, insuficientes, ínfimos, pequenos, solitários e esperamos que, usando o outro, possamos fugir. Do mesmo modo, usamos Deus como forma de fuga. O amor a Deus não é o amor à verdade. Não se pode amar a verdade; amar a verdade é um meio de usá-la a fim de conseguir alguma outra coisa que você conhece; por conseguinte, sempre há o medo pessoal de que você venha a perder algo que você conhece.

Vocês vão conhecer o amor quando a mente estiver bem imóvel e livre de sua busca de satisfação e de fugas. Antes de tudo, a mente tem de chegar ao fim absoluto. A mente é o resultado do pensamento, e este é apenas uma passagem, um meio para um fim. Quando a vida é somente uma passagem para alguma coisa, como pode haver amor?

O amor começa a existir quando a mente se aquieta de maneira natural, em vez de ser aquietada; quando ela percebe o falso como falso e o verdadeiro como verdadeiro. Quando a mente está aquietada, tudo aquilo que acontece é ação do amor, não é a ação do conhecimento. O conhecimento é mera experiência, e a experiência não é amor. A experiência não pode conhecer o amor. O amor passa a existir quando compreendemos o processo de nós mesmos com um todo — e a compreensão de nós mesmos é o começo da sabedoria.

Fontes e Agradecimentos

Extraído da gravação da palestra pública proferida em Madras no dia 16 de dezembro de 1972, copyright © 1972/1993 Krishnamurti Foundation Trust, Ltd.

Extraído da gravação da palestra pública proferida no Brockwood Park no dia 11 de setembro de 1971, copyright © 1971/1993 Krishnamurti Foundation Trust, Ltd.

Extraído do relato de uma conversa com estudantes na Escola Rajghat, Varanasi, no dia 19 de dezembro de 1952, *in* volume VII, *The Collected Works of J. Krishnamurti,* copyright © 1991 The Krishnamurti Foundation of America.

Extraído do relato da palestra pública proferida em Bombaim no dia 12 de fevereiro de 1950, *in* volume VI, *The Collected Works of J. Krishnamurti,* copyright © 1991 The Krishnamurti Foundation of America.

Extraído do relato da palestra pública proferida em Ojai no dia 18 de agosto de 1949, *in* volume V, *The Collected Works of J. Krishnamurti,* copyright © 1991 The Krishnamurti Foundation of America.

Extraído do relato da palestra pública proferida em Bombaim no dia 12 de março de 1950, *in* volume VI, *The Collected Works of J. Krishnamurti,* copyright © 1991 The Krishnamurti Foundation of America.

Extraído do relato da palestra pública proferida em Nova York no dia 18 de junho de 1950, *in* volume VI, *The Collected Works of J. Krishnamurti,* copyright © 1991 The Krishnamurti Foundation of America.

Extraído do relato da palestra pública proferida em Seattle no dia 6 de agosto de 1950, *in* volume VI, *The Collected Works of J. Krishnamurti,* copyright © 1991 The Krishnamurti Foundation of America.

Extraído do relato da palestra pública proferida em Madras no dia 3 de fevereiro de 1952, *in* volume VI, *The Collected Works of J. Krishnamurti*, copyright © 1991 The Krishnamurti Foundation of America.

"Loneliness", extraído de *Commentaries on Living First Series*, copyright © 1956 Krishnamurti Writings, Inc.

Extraído da gravação de um diálogo com o Professor Maurice Wilkins no Brockwood Park em 12 de fevereiro de 1982, copyright © 1982/1993 Krishnamurti Foundation Trust, Ltd.

Extraído de *The Awakening of Intelligence*, Nova York, 24 de abril de 1971, copyright © 1973 Krishnamurti Foundation Trust, Ltd.

Extraído da gravação do diálogo público no Brockwood Park, 30 de agosto de 1977, copyright © 1977/1993 Krishnamurti Foundation Trust, Ltd.

Extraído da gravação da palestra pública proferida em Saanen no dia 18 de julho de 1978, copyright © 1978/1993 Krishnamurti Foundation Trust, Ltd.

Extraído da gravação da palestra pública proferida em Bombaim no dia 31 de janeiro de 1982, copyright © 1982/1993 Krishnamurti Foundation Trust, Ltd.

"With Young People in India", extraído de *Life Ahead*, copyright © 1963 Krishnamurti Writings, Inc.

Extraído de *Talks and Dialogues Saanen 1968*, 18 de julho de 1968, copyright © 1970 The Krishnamurti Foundation, Londres.

Extraído do relato da palestra pública proferida em Saanen no dia 5 de agosto de 1962, *in* volume XIII, *The Collected Works of J. Krishnamurti*, copyright © 1992 The Krishnamurti Foundation of America.

Extraído do relato da palestra pública proferida em Bombaim no dia 21 de fevereiro de 1965, in volume XV, *The Collected Works of J. Krishnamurti*, copyright © 1992 The Krishnamurti Foundation of America.

Extraído do relato da palestra pública proferida em Londres no dia 7 de abril de 1953, in volume VII, *The Collected Works of J. Krishnamurti*, copyright © 1991 The Krishnamurti Foundation of America.

Extraído da gravação da palestra pública proferida em Saanen no dia 26 de julho de 1973, copyright © 1973/1993 Krishnamurti Foundation Trust, Ltd.

Extraído da gravação da palestra pública proferida em Saanen no dia 23 de julho de 1974, copyright © 1974/1993 Krishnamurti Foundation Trust, Ltd.

Extraído do relato da palestra pública proferida em Madras no dia 5 de fevereiro de 1950, *in* volume VI, *The Collected Works of J. Krishnamurti*, copyright © 1991 The Krishnamurti Foundation of America.

SOBRE DEUS

J. Krishnamurti

"Às vezes, achamos que a vida é algo mecânico, e outras vezes, quando há tristeza e confusão, recorremos à fé, voltando-nos para um ser supremo em busca de ajuda e de orientação" — diz Krishnamurti nas primeiras páginas deste livro.

Nas palestras enfeixadas neste volume, Krishnamurti discorre sobre a incoerência dessa atitude, fala sobre a futilidade que é a procura do conhecimento do "incognoscível" e mostra que só quando cessamos a nossa busca intelectual é que podemos estar "radicalmente livres" para experimentar a realidade, a verdade e a bem-aventurança.

Neste livro, Krishnamurti nos apresenta "a mente religiosa" como aquela que percebe diretamente o sagrado, em vez de aderir a dogmas religiosos.

* * *

J. Krishnamurti (1895-1986), o renomado mestre espiritual, divulgou sua mensagem em conferências e em livros como *Reflexões sobre a Vida*, *A Rede do Pensamento*, *Diálogos sobre a Visão Intuitiva* e outros publicados pela Editora Cultrix.

Nesta nova série serão publicados os seguintes títulos:

- *Sobre Deus*
- *Sobre relacionamentos*
- *Sobre a vida e a morte*
- *Sobre o modo correto de ganhar a vida*
- *Sobre conflitos*
- *Sobre aprendizagem e conhecimento*
- *Sobre amor e solidão*
- *Sobre a mente e o pensamento*

EDITORA CULTRIX

SOBRE RELACIONAMENTOS

J. Krishnamurti

Em 1950, Krishnamurti disse: "Se nos preocuparmos com a nossa própria vida, se entendermos o nosso relacionamento com os outros, criaremos uma nova sociedade; caso contrário, perpetuaremos a atual desordem e confusão."

Apresentando uma base de longo alcance para a resolução de muitas das crises mundiais, *Sobre Relacionamentos* reúne os ensinamentos mais essenciais para o relacionamento do indivíduo com as outras pessoas, com a sociedade e com a própria vida.

Neste livro, o renomado mestre torna claro que o modo como lidamos com as nossas crises pessoais e os nossos relacionamentos tem um significado mais amplo, global, que nos conecta com os problemas de todas as pessoas. Não se pode acabar com as causas da guerra, por exemplo, se deixamos de ver a necessidade de um verdadeiro respeito dentro da família e em relação a todas as outras pessoas.

* * *

J. Krishnamurti (1895-1986), o renomado mestre espiritual, divulgou sua mensagem em conferências e em livros como *Reflexões sobre a Vida*, *A Rede do Pensamento*, *Diálogos sobre a Visão Intuitiva* e outros, publicados pela Editora Cultrix.

Nesta nova série, serão publicados os seguintes títulos:

- *Sobre Deus*
- *Sobre relacionamentos*
- *Sobre a vida e a morte*
- *Sobre o modo correto de ganhar a vida*
- *Sobre conflitos*
- *Sobre aprendizagem e conhecimento*
- *Sobre amor e solidão*
- *Sobre a mente e o pensamento*

EDITORA CULTRIX

SOBRE A VIDA E A MORTE

J. Krishnamurti

Sobre a Vida e a Morte revela que o medo de morrer não tem como causa a dor física de nos separarmos de nossos entes queridos, mas sim o medo de que uma parte essencial do que somos deixará de existir. Krishnamurti explica que, para compreender a morte, que está inseparavelmente unida à vida, precisamos abordá-la com um entendimento puro, isento das atitudes e preconceitos que costumam acompanhar a discussão deste tema.

* * *

J. Krishnamurti (1895-1986), o renomado mestre espiritual, divulgou sua mensagem em conferências e em numerosos livros, dentre os quais se destacam os seguintes, que fazem parte do catálogo da Editora Cultrix: *Comentários sobre o Viver*, *Diálogos sobre a Vida*, *A Educação e o Significado da Vida*, *Diário de Krishnamurti*, *Liberte-se do Passado*, *A Primeira e Última Liberdade* e outros.

Nesta nova série, serão publicados os seguintes títulos:

- *Sobre Deus*
- *Sobre relacionamentos*
- *Sobre a vida e a morte*
- *Sobre o modo correto de ganhar a vida*
- *Sobre conflitos*
- *Sobre aprendizagem e conhecimento*
- *Sobre amor e solidão*
- *Sobre a mente e o pensamento*

EDITORA CULTRIX

SOBRE O VIVER CORRETO

J. Krishnamurti

Krishnamurti disse: "Não será acaso necessário que cada um saiba por si mesmo qual o modo correto de ganhar a vida? Se formos avarentos, invejosos, sedentos de poder, nosso modo de ganhar a vida corresponderá às nossas exigências internas, criando um modo de competitividade, inquietação, opressão e acabando, em última análise, em guerra."

Sobre o Viver Correto analisa os modos de nos engajarmos em nosso trabalho sem sermos engolidos por ele. Num mundo sequioso de produção, de bens materiais e de consumo, poucos de nós têm tempo para analisar se nosso trabalho causa danos ao ambiente, se estamos aproveitando ao máximo os talentos que temos ou se simplesmente estamos trabalhando para sobreviver. Krishnamurti traz ensinamentos sábios e eloqüentes sobre esses assuntos de máxima importância para todos.

* * *

J. Krishnamurti (1895-1986), o renomado mestre espiritual, divulgou sua imagem em conferências em numerosos livros, dentre os quais se destacam os seguintes, que fazem parte do catálogo da Editora Cultrix: *Comentários sobre o Viver, Diálogos sobre a Vida, A Educação e o Significado da Vida, Diário de Krishnamurti, Liberte-se do Passado, A Primeira e Última Liberdade* e outros.

Nesta nova série estão incluídos os seguintes títulos:

- *Sobre Deus*
- *Sobre Relacionamentos*
- *Sobre a Vida e a Morte*
- *Sobre Conflitos*
- *Sobre Aprendizagem e Conhecimento*
- *Sobre Amor e Solidão*
- *Sobre a Mente e o Pensamento*

EDITORA CULTRIX

O VERDADEIRO OBJETIVO DA VIDA

J. Krishnamurti

Durante grande parte de sua vida, Krishnamurti viajou muito e, em todos os lugares por onde andou, centenas de homens e mulheres tiveram a oportunidade de conversar com ele, quer particularmente, quer durante as palestras que ele era chamado a realizar. Essas pessoas apresentaram-lhe suas dúvidas, revelaram-lhe seus ideais e, da forma mais espontânea e livre, discutiram com ele os grandes problemas inerentes à existência humana.

Nessas conversas, que nunca se limitaram a meras investigações filosóficas ou a uma simples busca intelectual de respostas e soluções, foram feitas descobertas valiosas e analisados temas que, por mais que sejam discutidos, sempre voltam à mente do homem por constituírem a base de todas as suas crenças e, contraditoriamente, a causa de todas as suas hesitações.

O verdadeiro objetivo da vida é o registro fiel de várias dessas palestras, tanto mais vivo pelo fato de não transcrever apenas as idéias de Krishnamurti, mas também a reação do auditório à análise das diversas questões propostas à sua consideração.

EDITORA CULTRIX

DIÁLOGOS SOBRE A VISÃO INTUITIVA

J. KRISHNAMURTI

Durante mais de trinta anos, um grupo de pessoas de várias especialidades, formação cultural e atividades diversas reuniu-se em torno de J. Krishnamurti. Juntas, elas se lançaram, através do diálogo, à investigação da estrutura e da natureza da mente humana, bem como da consciência e das energias que estão adormecidas dentro de cada um de nós.

"Não podemos ascender espiritualmente através do conhecimento", afirma J. Krishnamurti. Para que essa ascensão aconteça, é necessário "termos uma visão intuitiva dela e a apreendermos instantaneamente". No decorrer desses diálogos, são levantadas questões fundamentais que constituem problemas centrais, psicológicos e espirituais, com os quais se defronta toda a humanidade.

Para os leitores já familiarizados com as idéias de Krishnamurti, a investigação e o exame cuidadosos que foram realizados em *Diálogos sobre a Visão Intuitiva* ajudarão a esclarecer muitos pontos importantes, tais como aquilo que ele chama de autoconhecimento, o ato de observar "sem o observador", a dualidade e o estado holístico e a raiz central do medo. Aqueles que o estão lendo pela primeira vez ficarão impressionados com a clareza das revelações e com a inquietante e desafiadora mensagem que elas trazem.

Esses diálogos tiveram lugar na Índia e este livro, originalmente, foi preparado para publicação pela Krishnamurti Foundation.

EDITORA CULTRIX

DIÁRIO DE KRISHNAMURTI

J. Krishnamurti

O *Diário de Krishnamurti* constitui-se numa dessas obras privilegiadas das quais o público leitor pode dizer que há muito tempo vem aguardando com certa ansiedade. Trata-se, na realidade, de um livro encantador, o qual Krishnamurti redige, a um só tempo, como pensador dotado de profundidade e grande poeta da Natureza.

* * *

Nasceu Krishnamurti no ano de 1895, em Madanapalle, Madrasta, Índia. Conforme o costume entre os Brâmanes do Sul da Índia, chamaram-no pelo nome de família Jiddu. E assim o fizeram por ter sido ele o oitavo filho. Com isso, seus familiares manifestavam o desejo de que, quando adulto, consagrasse a sua existência a Krishna, a encarnação divina, e que fora também oitavo filho. Em 1909, a Dra. Annie Besant e C. W. Leadbeater notaram em Krishnamurti faculdades latentes de inestimável valor moral e espiritual, acabando por admitir que, devidamente desenvolvidas, fariam do jovem um grande mestre. Todavia, os leitores dos inúmeros livros de Krishnamurti sabem que esse pensador não se erige como mestre da Humanidade nem tenciona ser o fundador de uma nova religião. Com freqüência, repete que o desenvolvimento espiritual decorre da conquista puramente individual e que jamais pode ser obtido pela submissão a qualquer mestre ou religião. Repudia toda autoridade que pretenda impingir-nos valores espirituais ministrados a um fechadíssimo grupo de crentes. A verdade, diz ele, confina com os limites da evolução humana, achando-se oculta na consciência de todos os seres humanos. Para atingi-la, temos de romper todas as barreiras e todos os laços que nos prendem à materialidade, pesada carga que faz de nós meros escravos mecanizados. Somente a Vida, conclui Krishnamurti, pode criar a Vida.

EDITORA CULTRIX